BASIC-Übungen

160 Aufgaben mit vollständigen Lösungen

von

Max Riederle

und

Prof. Dr. Siegfried Stief

Fachhochschule Ulm

R. Oldenbourg Verlag München Wien 1986

CIP-Kurztitelaufnahme der Deutschen Bibliothek

Riederle, Max:
BASIC-Übungen : 160 Aufgaben mit vollst. Lösungen /
von Max Riederle u. Siegfried Stief. - München ;
Wien : Oldenbourg, 1986.
 ISBN 3-486-20214-6
NE: Stief, Siegfried:

Gesamtherstellung: Huber, Dießen

ISBN 3-486-20214-6

Inhaltsverzeichnis

Vorwort

Die vorliegende Aufgabensammlung wurde auf Anregung unserer Studenten sowie auf Grund der Wünsche vieler Teilnehmer von Programmier-kursen zusammengetragen. Zu jedem Einzel-Thema werden zunächst ganz simple Fragestellungen präsentiert; danach steigert sich langsam der Schwierigkeitsgrad. Auf diese Weise sollen die einzelnen BASIC-Vokabeln und die grundlegenden Programmstrukturen sorgfältig einge-übt werden. Alle Aufgaben sind mit vollständigen Lösungen versehen worden. Die angegebenen Programme sind bis zur Seite 101 von gerin-gen Modifikationen abgesehen auf allen gängigen Mikrocomputern lauf-fähig; danach haben wir uns im Zweifel am Microsoft-BASIC orien-tiert, das beispielsweise auf dem IBM-PC oder dem Commodore PC ver-fügbar ist. Grundlage des Buches sind Programmbeispiele, die wir im Lauf der letzten Jahre in Kursen behandelt oder als Haus- bzw. Klau-suraufgaben gestellt haben. Sie stammen unmittelbar aus der Unter-richtspraxis. Daher glauben wir, daß sie sowohl beim Selbststudium als auch kursbegleitend von Interesse sind. Ferner hoffen wir, damit Lehrern eine Fülle von Anregungen an die Hand geben zu können.
Allerdings ist das vorliegende Buch kein BASIC-Lehrbuch im herkömm-lichen Sinne. Zwar wird vor jedem Paragraphen kurz angeschnitten, welcher Teil des Wortschatzes oder welche Strukturen trainiert wer-den sollen, im Mittelpunkt stehen aber eindeutig die Beispiele. Wir verstehen dieses Buch vielmehr als Ergänzungsband zum Lehrbuch

Max Riederle, BASIC auf Mikrocomputern, Oldenbourg-Verlag.

Daher entsprechen Aufbau und Gliederung des Stoffes der dort anzu-treffenden Reihenfolge, und wir geben nach den Überschriften immer die entsprechenden Paragraphen der zweiten Auflage an. Dennoch kann dieses Buch von Lesern, die überwiegend an Aufgaben interessiert sind und bereits Grundkenntnisse in BASIC besitzen, ohne Einschrän-kung genützt werden. Abgesehen von der Gliederung wird kein Bezug auf das Lehrbuch genommen.
Nun noch ein paar Hinweise zum Gebrauch des Lösungsteils:

1) Versuchen Sie unter allen Umständen, die Aufgaben zuerst selber zu lösen. Es ist auf diesem Niveau wesentlich leichter, ein vor-gegebenes Programm nachzuvollziehen, als selbst ein Programm zu entwickeln. Programmieren ist nicht nur eine reine Routinetä-tigkeit, sondern enthält sehr viele kreative Elemente. Diese bekommen Sie aber allenfalls dann in den Griff, wenn Sie ent-sprechend mit dem Problem kämpfen und sich nicht von uns Ideen "klauen".

2) Für die meisten Aufgaben gibt es beliebig viele verschiedene Lösungsvarianten; oft führen sogar gänzlich unterschiedlich anmutende Strategien zum Ziel. Seien Sie daher nicht enttäuscht, wenn Ihre Lösung nicht mit dem im Buch gemachten Vorschlag übereinstimmt. Es gibt einen hervorragenden Schiedsrichter für die Richtigkeit Ihrer Überlegungen: den Computer. Tasten Sie daher Ihre Lösung ein und testen Sie, ob sie stimmt. Selbst dann, wenn sie falsch sein sollte, ist es normalerweise sehr instruktiv, wenn man seine eigenen Fehler suchen muß.

3) Da sich dieses Buch bevorzugt an Anfänger wendet, haben wir auf besonders trickreiche Lösungsvorschläge von vornherein verzichtet. Es kann daher immer wieder vorkommen, daß Sie elegantere Wege gefunden haben. Uns ging es mehr um transparente, leicht nachvollziehbare Varianten.

4) Auch wenn Sie eine richtige Lösung gefunden haben, dürfte es in vielen Fällen mit Blick auf das bisher Gesagte von Interesse sein, unseren Vorschlag durchzulesen; Sie kommen dadurch vielleicht auf ganz neue Denkansätze.

Eine Zusammenstellung von so vielen Programmbeispielen ist natürlich sehr fehleranfällig, zumal man als Verfasser mit fortschreitender Zeit sehr kritiklos wird. Daher war es uns eine große Unterstützung, daß uns Herr Peter Camehl beim Austesten der Beispiele geholfen hat. Ihm sei an dieser Stelle für seine kompetente Hilfe herzlich gedankt.

Der letzte Absatz eines Vorworts ist traditionell dem Dank an den Verlag gewidmet. Bevor wir das erstemal ein Buch geschrieben hatten, erschien uns das als eine reine Pflichtübung des jeweiligen Autors, der keine besondere Aussagekraft beizumessen ist. Wir wissen es jetzt besser. Der Beitrag, den der Oldenbourg-Verlag durch die vertrauensvolle Atmosphäre und die stets gerne gewährten Hilfestellungen für das Zustandekommen dieses Buches geleistet hat, kann gar nicht hoch genug veranschlagt werden. Sie glauben gar nicht, wieviel stilistische Hunde und Rechtschreibverstöße allein unsere Betreuerin, Frau Deinaß, eliminiert hat! Unser Dank an alle Mitarbeiter, die mit diesem Projekt befaßt waren, ist also alles andere als eine lästige Routine: er ist uns vielmehr ein echtes Bedürfnis!

Ulm, den 11.Mai 1986

Die Verfasser

A Einfache Programme (2.1-2.2)

In diesem Abschnitt werden einige einfache Aufgaben zusammenge-
stellt, in denen nur die Anweisungen INPUT, DATA/READ/RESTORE und
PRINT sowie die einfachsten Wertzuweisungen eine Rolle spielen.

DATA ...:   Diese Anweisung stellt Daten für READ bereit.

INPUT A1,...,AN:
            Diese Anweisung ermöglicht die Eingabe von N Daten durch
            den Benutzer. Der Rechner gibt ein Fragezeichen aus und
            stoppt die weitere Ausführung des Programms. Zwischen
            INPUT und die Variablen darf ein in Anführungszeichen
            stehender Text gefolgt von einem Komma gesetzt werden;
            dieser wird dann anstelle des Fragezeichens ausgegeben.

PRINT: schreibt auf den Bildschirm. Trennzeichen:
            ,   Cursor-Sprung zum nächsten Tabulatorpunkt
            ;   Cursor wird festgehalten
            Steht kein Trennzeichen nach dem letzten Ausgabewert,geht
            der Cursor an den Anfang der nächsten Zeile.

READ X1,...,XN:
            liest die nächsten N Größen aus den in DATA-Anweisungen
            bereitgestellten Daten. Dabei können durchaus auch Text-
            variablen auftreten.

RESTORE: Diese Anweisung veranlaßt, daß READ ab sofort wieder ab
            der ersten DATA-Anweisung liest. Die Variante RESTORE Z1
            dagegen schreibt vor, daß die erste ab Zeile Z1 angetrof-
            fene DATA-Anweisung maßgeblich ist.

Für die Ausgabe von Zahlen gilt die Regelung, daß hinter jeder Zahl
ein Leerzeichen freigelassen wird; außerdem steht vor jeder positiven Zahl ein Leerzeichen für das fehlende Vorzeichen.

A 1 Schreiben Sie ein Programm, das aus Weg und Zeit gemäß der
    Formel v=s/t die durchschnittliche Geschwindigkeit berechnet.

A 2 Schreiben Sie ein Programm zur Berechnung von Umfang und Fläche
    eines Rechtecks. Der Rechner soll hinschreiben, welche der aus-
    gegebenen Zahlen welche Bedeutung hat.

A 3 Programmieren Sie den Computer so, daß er nach Eingabe des Kugelradius Volumen und Oberfläche einer Kugel berechnet. (Zur Erinnerung: $V = 4/3\,\pi r^3$; $O = 4\,\pi r^2$).

A 4 In einer DATA-Anweisung stehen vier Zahlen. Veranlassen Sie den Rechner zur Ausgabe ihres Mittelwerts.

A 5 Ein Geschäftsmann gewährt seinen Kunden Rabatt und Skonto. Schreiben Sie ein Programm, das für einen beliebigen Betrag nach Eingabe der Ermäßigungssätze die Rechnungssumme berechnet.

A 6 100g einer bestimmten Käsesorte kosten 1.80 DM. Schreiben Sie ein Programm, das nach Eingabe einer beliebigen Menge den Verkaufspreis berechnet.

A 7 In Ulm wird Pils je nach Kneipe in 0.3-, 0.4- oder 0.5-Liter-Gläsern ausgeschenkt. Ein preisbewußter Zecher will nun zum Vergleich stets den Preis für eine Halbe wissen. Können Sie ihm durch ein geeignetes Programm helfen?

A 8 Schreiben Sie ein Programm, das eine in Sekunden angegebene Zeit in Stunden, Minuten und Sekunden zerlegt ausgibt.

A 9 Was genau drucken folgende Programme aus?
```
   a) 10   X=5: Y=1: Z=-6
      20   X=X+1: Y=Y+X: Z=Z-Y
      30   PRINT X;Y;Z
      40   X=2*X: Y=Z+X: X=Y-X
      50   PRINT X;Y;Z
      60   END


   b) 10   DATA 12,17,31
      20   READ A,B,C$,C
      30   PRINT C$,C,
      40   RESTORE
      50   READ C
      55   PRINT C
      60   DATA 10
      70   END
```

A10 Ein Handwerker kalkuliert den Preis für eine Reparatur wie folgt:

Stundenlohn:	50 DM
Preis pro Anfahrtkilometer:	0.80 DM

Dazu kommen noch die Materialkosten. Schreiben Sie ein Programm,
das nach Eingabe von Arbeitszeit, Anfahrtstrecke und Material-
verbrauch den Rechnungsbetrag ermittelt.

A11 Wenn die Volkshochschule die Räume einer bestimmten Schule nut-
zen möchte, muß sie zunächst einmal für jede Unterrichtsstunde
35 DM Miete bezahlen. Für die Rechnermiete sind pro Stunde und
Hörer 2 DM zu entrichten, ferner werden 0.30 DM pro Stunde und
Teilnehmer für Verwaltungszwecke kalkuliert. Schreiben Sie ein
Programm, das nach Eingabe von Kursumfang und Teilnehmerzahl die
Kursgebühr berechnet, falls der Dozent einen Stundenlohn von 40
DM bekommt.

A12 In einem Fachbereich der Fachhochschule Ulm müssen die Studenten
vier Wahlpflichtfächer belegen. Für jedes einzelne Fach bekommen
sie eine Note. Im Zeugnis erscheint sodann die Zensur, die sich
ergibt, wenn man diese Noten ausmittelt und auf eine Dezimalstelle nach dem Komma genau ausgibt; dabei wird nicht gerundet,
sondern man hackt einfach die zweite Dezimale ab. Veranlassen
Sie den Rechner zur Ermittlung dieser Endnote.

A13 Eine Bank bietet einen Sparbrief mit dreijähriger Laufzeit an.
Im ersten Jahr wird der Anlagebetrag mit 5%, im zweiten mit 7%
und im dritten mit 8% verzinst; die Zinsen werden jeweils dem
Kapital zugeschlagen. Programmieren Sie den Rechner so, daß er
angibt, auf welchen Betrag ein angelegtes Grundkapital nach
Ablauf der 3 Jahre angewachsen ist.

A14 Ein Stromversorgungsunternehmen läßt seinen Kunden die Wahl
zwischen zwei Tarifformen. Beim Tarif A bezahlt man einen Grund-
betrag von 400 DM und 15 Pf für die verbrauchte Kilowattstunde;
beim Tarif B lauten die entsprechenden Werte 100 DM bzw. 22 Pf.
Kalkulieren Sie mit Hilfe des Rechners, wieviel Sie bei beiden
Tarifformen bezahlen müssen.

B Bedingte und unbedingte Sprünge (2.3)

In diesem Abschnitt steht das Einüben von IF-THEN im Vordergrund.
Hier noch einmal kurz zur Erinnerung das Wesentliche zu IF...THEN:

> IF B1 THEN ... (ELSE ...):
> Diese Anweisung macht die weitere Ausführung des Programms
> von der Bedingung B1 abhängig. Ist B1 wahr, so wird der THEN-
> Teil ausgeführt. Ist B1 falsch und ELSE vorhanden, so wird
> der ELSE-Teil ausgeführt; ansonsten geht es bei der nächsten
> Zeile weiter.

B 1 Programmieren Sie den Rechner so, daß er feststellt, ob eine
eingegebene Zahl durch 11 teilbar ist.

B 2 Schreiben Sie ein Programm, das den Benutzer fragt, ob er Asterix kennt. Verneint er, so wird "Banause!" hingeschrieben; be-
jaht er aber, so wird die Frage nach Verleihnix nachgeschoben.
Je nach Antwort soll der Rechner sodann den Kommentar "Naja!"
bzw. "Experte!" ausgeben.

B 3 Bei der Telefonrechnung muß man zunächst 27 DM Grundgebühr sowie
23 Pf für jede vertelefonierte Einheit bezahlen. Die ersten 20
Einheiten sind allerdings gebührenfrei. Erstellen Sie ein Programm, das die zu erwartende Rechnungssumme bestimmt.

B 4 Das Kindergeld richtet sich nach der Kinderzahl. Für das erste
Kind bekommt man derzeit 50 DM, für das zweite 120 DM, für jedes
weitere dann 200 DM. Schreiben Sie ein Programm, das nach Eingabe der Kinderzahl das zu erwartende Kindergeld berechnet.

B 5 Was schreibt der Rechner bei Ausführung des folgenden Programms
auf den Bildschirm?

```
10   DATA C, F, H, K, N, R, T, W, ZZZZ
15   A$="WASSERBALL"
20   READ X$
30   IF X$<A$ THEN 20
40   PRINT X$
50   RESTORE
60   READ X$
70   IF X$>A$ THEN 60
80   PRINT X$
90   END
```

B 6 Programmieren Sie den Computer so, daß er angibt, ob ein vom
Benutzer einzulesender Punkt im Innern, auf dem Rand oder außerhalb des Kreises mit der Gleichung x*x+y*y = 1 liegt.

B 7 Ein Verlag gewährt den Buchhändlern bei Abnahme vom mehr als 10
Exemplaren eines Werkes 8%, bei mehr als 30 Exemplaren 15% und
bei über 100 Exemplaren schließlich 20% Rabatt. Schreiben Sie
ein Programm, das nach Eingabe der gewünschten Stückzahl und des
Einzelpreises den Rechnungsbetrag ausgibt.

B 8 Das Normalgewicht eines Menschen wird berechnet, indem man von
seiner in cm ausgedrückten Körpergröße 100 abzieht. Subtrahiert
man von dem so erhaltenen Wert bei Männern 10% und bei Frauen
15%, so bekommt man das Idealgewicht. Schreiben Sie ein Programm, das nach Eingabe von Körpergröße und Geschlecht Normal-
und Idealgewicht am Bildschirm ausgibt.

B 9 Ein Lehrer wendet folgenden Notenschlüssel an:

55-60 Pkte:	sehr gut
45-54 Pkte:	gut
35-44 Pkte:	befriedigend
25-34 Pkte:	ausreichend
darunter:	mangelhaft

Programmieren Sie den Rechner so, daß er nach Eingabe der
Punktzahl die Note ausgibt.

B10 Ein Englisch-Lehrer gewichtet die Noten für Nacherzählungen normalerweise wie folgt:
50% für die Rechtschreibung
30% für den Inhalt
20% für den Stil.
Liegt aber die Note für den Inhalt unterhalb von 4.0, so ver-
schiebt sich diese Skala zu 40:50:10. Erstellen Sie ein Programm, das aus den betreffenden drei Teilnoten die Endnote auf
eine Dezimalstelle hinter dem Komma genau berechnet.

B11 Das Überschreiten der zulässigen Höchstgeschwindigkeit wird laut
Bußgeldkatalog wie folgt geahndet:

innerorts	außerorts	
um mehr als 40 km/h	um mehr als 50 km/h	4 P
um mehr als 25 km/h	um mehr als 25 km/h	3 P
um bis zu 25 km/h	um bis zu 25 km/h	1 P

Schreiben Sie ein Programm, das einem Polizeibeamten sagt, wieviel Punkte er für ein bestimmtes Delikt vergeben darf/muß.

B12 Erstellen Sie ein Programm, das drei einzulesende Zahlen der Größe nach sortiert ausgibt; es ist nicht erforderlich, den Fall gesondert zu betrachten, daß zwei Zahlen gleich sind.

B13 Eine Druckerei hat folgende Preistafel: Die ersten 50 Exemplare kosten pro Seite jeweils 7 Pf, das 51.-100. Exemplar dann 5 Pf, bei allen weiteren liegt der Seitenpreis bei 4 Pf. Schreiben Sie ein Programm, das den Preis für einen Druckauftrag berechnet.

B14 Die Deputatsermäßigung bei Schulleitern an Gymnasien ist in Baden-Württemberg wie folgt geregelt: 2 Stunden bekommt er automatisch. Ferner werden ihm so viele Freistunden angerechnet, wie sich bei Division der Schülerzahl durch 28 ergibt (Dezimalen bleiben dabei unberücksichtigt). 4 Stunden muß er freilich unter allen Umständen unterrichten. Schreiben Sie ein Programm, das ausgehend von einem Regelstundenmaß von 23 Stunden nach Eingabe der Schülerzahl die wöchentliche Mindeststundenzahl des Rektors ermittelt.

B15 Das Porto für Briefe richtet sich nach dem Gewicht. Bei Drucklegung dieses Buches gilt folgende Regelung:

			Inland:	Ausland:
Standardbriefe	bis	20g:	0.80 DM	1.20 DM
Briefe	bis	50g:	1.30 DM	1.80 DM
	51g bis	100g:	1.90 DM	2.30 DM
	101g bis	250g:	2.50 DM	4.30 DM
	251g bis	500g:	3.10 DM	8.30 DM
	501g bis	1000g:	3.70 DM	14.50 DM
	1001g bis	2000g:	-	23.50 DM

Schreiben Sie ein Programm, das nach Eingabe des Gewichts, der Zielrichtung Inland/Ausland und der Frage, ob ein Standardbrief vorliegt, entweder das nötige Porto ausgibt oder darauf hinweist, daß der gewünschte Brief so nicht abgehen kann.

B16 An einer Volkshochschule ist das Rücktrittsrecht für Kursserien wie folgt geregelt: Wer nach dem ersten Abend zurücktritt, erhält seine Kursgebühr bis auf eine Bearbeitungsgebühr von 10 DM zurück. Wer weniger als die Hälfte der angesetzten Abende besucht hat, muß den entsprechenden prozentualen Anteil an der Gebühr, mindestens aber 50 DM bezahlen. Diese Mindestgebühr kann nur erlassen werden, wenn ein triftiger Rücktrittsgrund vorliegt. Wer mindestens die Hälfte aller Abende besucht hat, bekommt keine Rückerstattung mehr. Programmieren Sie den Rechner so, daß er berechnet, wie hoch gemäß obigen Regelungen die Rückerstattung ausfallen muß.

C Die Standardausgabe (2.4)

In diesem Abschnitt behandeln wir Aufgaben zur Standardausgabe. Im Kern handelt es sich dabei um die Anwendung der Anweisung PRINT:

> PRINT:
> schreibt auf den Bildschirm. Als Trennzeichen bewirken:
> , einen Sprung des Cursors zum nächsten Tabulatorpunkt,
> ; das Festhalten des Cursors auf der aktuellen Position.
> Steht kein Trennzeichen nach dem letzten Ausgabewert, so geht der Cursor an den Anfang der nächsten Zeile. Ferner kann mit Hilfe von TAB eine bestimmte Spalte angesteuert werden.

Zu erwähnen ist außerdem, daß für LPRINT dieselben Regeln gelten wie für PRINT, nur erfolgt jetzt die Ausgabe am Drucker und nicht am Bildschirm.

C 1 Schreiben Sie ein Programm, das aus Anfangskapital KO, Zinssatz P und Laufzeit N das Endkapital $KU(1+P/100)^N$ berechnet und einen Text der Form
    Aus ... DM werden bei ...% Zins in ... Jahren ... DM.
    am Bildschirm ausgibt.

C 2 Erstellen Sie ein Programm, das folgendes Muster am Drucker ausgibt:

```
       &&&&&&&&&&&&&&&&&&&&&&&&&&&
       &                         &
       &    Fachhochschule Ulm   &
       &                         &
       &&&&&&&&&&&&&&&&&&&&&&&&&&&
```

C 3 Schreiben Sie ein Programm, das die Gleichung der Geraden durch zwei vom Benutzer einzugebende Punkte mit den Koordinaten (x_1,y_1) und (x_2,y_2) aufstellt. Hinweis: Sie hat die Form $y=mx+c$ mit:
$$m = (y_2-y_1)/(x_2-x_1) \quad \text{und} \quad c = y_1-mx_1$$

C 4 Das Kreuzprodukt von zwei Vektoren (a_1,a_2,a_3) und (b_1,b_2,b_3) ist wie folgt definiert:
$$(a_2b_3- a_3b_2,\ a_3b_1- a_1b_3,\ a_1b_2- a_2b_1).$$

Schreiben Sie ein Programm, das das Kreuzprodukt berechnet und in optisch ansprechender Form am Bildschirm ausgibt.

C 5 Ein Klassensprecher möchte eine Klassenliste anfertigen. Dazu
    erfaßt er von jedem Mitschüler Namen, Vornamen, Anschrift und
    Telefonnummer. Schreiben Sie ein Programm, das eine saubere
    Liste am Drucker erstellt. (Wir gehen hier davon aus, die
    Namen seien bereits sortiert.)

C 6 Der Vorsitzende eines Clubs will ein Rundschreiben der folgenden
    Art erstellen:
    Anrede.

    Unsere diesjährige Jahreshauptversammlung findet am
        Donnerstag, dem 3.April
    im Blökenden Schaf statt. Über Ihre Teilnahme würde ich mich
    freuen.

    Mit freundlichen Grüßen
    Erstellen Sie ein Programm, das es dem Benutzer ermöglicht, im-
    mer nur die Anrede einzutragen und dann den Brieftext am Drucker
    ausgeben zu lassen.

D Schleifen (2.5-2.6)

In diesem Abschnitt sind wir zum erstenmal mit einem Anweisungstyp konfrontiert, bei dem der Einsatz von Programmen dem direkten Gebrauch eines nicht-programmierbaren Taschenrechners weit überlegen ist. Wir wollen uns nämlich ansehen, wie man eine bestimmte Anweisungsfolge wieder und wieder durchlaufen kann. Hierzu gibt es zwei Möglichkeiten:

> FOR I=ANFANG TO ENDE STEP SCHRITT ... NEXT I
> Die zwischen FOR und NEXT gelegenen Anweisungen werden so lange ausgeführt, bis I mit der Schrittweite SCHRITT von ANFANG nach ENDE gelangt ist. SCHRITT kann negativ sein.

Dabei ist besonders darauf zu achten, daß bei nichtganzzahligem SCHRITT durch Rundungsfehler der letzte Wert für I verlorengehen kann. Es empfiehlt sich daher immer, ENDE etwas größer (bzw. bei negativem SCHRITT etwas kleiner) als eigentlich gewünscht zu wählen. Beispiel: FOR I=0 TO 1.01 STEP 0.1

Während hier von vornherein mindestens implizit feststeht, wie oft die Schleife auszuführen ist, gibt es daneben auch den Fall, daß man dies nicht weiß. Hierfür benötigt man aber keine neuen Vokabeln; man kommt mit gewöhnlichen IF-THEN-Konstruktionen zurecht.
Bitte erschrecken Sie nicht darüber, daß in diesem Abschnitt mathematisch orientierte Beispiele im Vordergrund stehen; das wird nicht "einreißen". Zudem werden wir in der Folge noch viele nicht-mathematische Beispiele zu FOR...NEXT kennenlernen.

D 1 Berechnen Sie die folgenden Summen:
   a) $1 + 1/4 + 1/9 + \ldots + 1/(99*99)$
   b) $1 - 1/4 + 1/9 -+ \ldots + 1/(99*99)$
   c) $1 + 1/4 - 1/9 ++- \ldots - 1/(99*99)$
   d) $1*2 + 2*3 + 3*4 + \ldots + 99*100$

D 2 Berechnen Sie die folgenden Produkte:
   a) $1 * 1.1 * 1.2 * \ldots * 8.0$
   b) $1^3 * 1.1^{2.9} * 1.2^{2.8} * \ldots * 3.9^{0.1} * 4^0$

D 3 Erstellen Sie ein Programm, welches 1000mal in Folge einen vom Benutzer eingegebenen Begriff auf den Bildschirm schreibt. Beispiel: Bei Eingabe von RUELPS soll folgendes erscheinen:
   RUELPS RUELPS ... RUE
   LPS RUELPS ...

D 4 Bei einer bestimmten chemischen Reaktion wird bei jedem Zyklus
die Konzentration eines bestimmten Stoffes auf ein Drittel des
seitherigen Wertes abgesenkt. Lassen Sie den Rechner ermitteln,
nach wieviel Durchgängen eine Anfangskonzentration von 50% auf
unter 1 Promille abgesunken ist.

D 5 Schreiben Sie Programme, die die folgenden Muster auf den Bildschirm schreiben:

a)   b)
```
    HALLO                                              HALLO
        HALLO                                       HALLO
      ...                                        ...
          HALLO                       HALLO
```

c)
```
      *                      *
        *                   *
          ...
        *                   *
      *                      *
```

D 6 Was genau schreiben die folgenden Programme auf den Bildschirm:

a) 10 FOR I=10 TO 1
   20   PRINT I
   30 NEXT I
   40 END

b) 10 A$="X"
   20 FOR I=1 TO 5
   30   A$ = "*"+A$+"*"
   40 NEXT I
   50 PRINT A$
   60 END

D 7 a) Schreiben Sie ein Programm, das im Bereich [0,6.3] eine Wer-
       tetafel von sin x und cos x am Drucker ausgibt. Die zugehö-
       rige Schrittweite soll 0.1 sein.
    b) Lösen Sie dieselbe Aufgabe, falls x im Gradmaß mit einer
       Schrittweite von 10 Grad von 0 Grad nach 360 Grad laufen
       soll.
    c) Ergänzen Sie das Programm von b) so, daß nach jeweils 90 Grad
       eine Zeile freigelassen wird.

D 8 Lassen Sie den Benutzer eine Reihe von Zahlen (Abschluß: -9999)
einlesen, und bestimmen Sie deren Maximum und Minimum.

D 9 Die Fibonacci-Folge ist durch folgende Vorschrift gegeben:
$$a_0 = 0, \quad a_1 = 1, \quad a_N = a_{N-1} + a_{N-2} \text{ für } N >= 2$$
Stellen Sie ein Programm auf, das für beliebiges eingegebenes N
das Folgenglied a_N berechnet.

D10 Zur Berechnung von $\sqrt{a}$ kann die folgende Zahlenfolge herangezogen
werden:
$$x_{N+1} = 0.5(x_N + a/x_N)$$
Ihr Programm soll a und einen Startwert einlesen und dann diese
Folge so lange berechnen, bis die Differenz zwischen zwei auf-
einanderfolgenden Gliedern betragsmäßig kleiner als 0.0001 ist.
Geben Sie den so ermittelten Näherungswert aus.

D11 Jemand behauptet, daß die Summe
$$1/2 + 1/3 + \ldots + 1/N$$
für keinen Wert von N ganzzahlig sei. Schreiben Sie ein
Programm, das diese Behauptung für alle N kleiner gleich 10000
testet. Ausgegeben werden soll entweder das Wort "Fehlanzeige"
oder der Wert von N, für den die Behauptung falsch wird.

D12 Für eine beliebige reelle Zahl α und eine natürliche Zahl k ist
der Binomialkoeffizient durch folgende Vorschrift gegeben:

$$\binom{\alpha}{k} = \frac{\alpha}{1} \cdot \frac{\alpha-1}{2} \cdot \ldots \cdot \frac{\alpha-(k-1)}{k}$$

Erstellen Sie ein Programm zur Berechnung des Binomialkoeffi-
zienten!

D13 Schreiben Sie ein Programm, welches dadurch näherungsweise die
Extremwerte von $f(x) = x\sin x - x$ im Intervall $[0,4]$ bestimmt,
daß es die Funktionswerte mit einer Schrittweite von 0.01 abta-
stet. Als Ergebnis müssen die x- und die y-Werte des Minimums
und des Maximums dastehen!

D14 Unter einem pythagoreischen Zahlentripel versteht man drei
natürliche Zahlen a, b und c mit der Eigenschaft:
$$a*a + b*b = c*c .$$
Programmieren Sie den Rechner so, daß er alle Zahlentripel mit c
kleiner gleich 100 ermittelt.

D15 a) Eine natürliche Zahl heißt vollkommen, wenn sie gleich der
Summe ihrer positiven von sich selbst verschiedenen Teiler
ist. Zum Beispiel ist 28 = 1+2+4+7+14 vollkommen. Schreiben
Sie ein Programm, das sämtliche vollkommenen Zahlen unterhalb
von 10000 am Drucker auflistet.

b) Ergänzen Sie das Programm so, daß neben jede vollkommene Zahl
   gleich auch ihre Teiler geschrieben werden.

D16 Programmieren Sie den Computer so, daß er folgendes Schema auf
    den Bildschirm schreibt:

    1
    1 2
    1 2 3
      •••
    1 2 3 4 5 6 7 8 9

D17 Schreiben Sie ein Programm, das folgendes leidlich-schöne Lotto-
    schema auf den Bildschirm schreibt:

    1   2   3   4   5   6   7
    8   9   10   11   12   13   14
             •••
   43   44   45   46   47   48   49

Dieses Programm darf höchstens zwei PRINT-Anweisungen enthalten.

E Felder (2.7)

Nun kommen Aufgaben zu Feldern. Bei einigen davon kann man auch eine
Lösung ohne Rückgriff auf Felder vornehmen; diese wäre dann aber
weitaus uneleganter als die mit dem Einsatz von Feldern. Die wich-
tigste BASIC-Anweisung, die in diesem Zusammenhang angesprochen
werden sollte, ist DIM. Mit ihrer Hilfe teilt man dem Rechner mit,
daß er ein Feld einrichten soll und regelt, welche Höchstgrenzen für
die Indizes vorgeschrieben sind. Schließlich sei noch auf die Anweisung OPTION BASE 1 hingewiesen, mit deren Hilfe man den kleinsten
Index vom Standardwert 0 auf 1 heraufsetzen kann.

E 1 Erstellen Sie ein Programm, das nach Eingabe eines beliebigen
Wochentages den jeweils nächsten Wochentag ausgibt.

E 2 Schreiben Sie ein Programm, das nach Eingabe der Nummer eines
Monats den vollen Monatsnamen hinschreibt.

E 3 Veranlassen Sie den Rechner dazu, eine Reihe von Namen zu erfassen und danach in umgekehrter Reihenfolge am Drucker auszugeben.

E 4 Welchen Ausdruck liefert folgendes Programm:
```
10   DIM A(3,3)
20   FOR I=1 TO 3
30      FOR J=1 TO 3
40         A(I,J) = I+2*J
50      NEXT J
60   NEXT I
70   FOR I=1 TO 3
80      PRINT A(I,I);A(4-I,I)
90   NEXT I
100  END
```

E 5 Schreiben Sie ein Programm, mit dessen Hilfe Sie eine Reihe von
Meßwerten erfassen, ihren Durchschnittswert berechnen und dann
am Drucker die Abweichungen der Einzelgrößen von diesem Durchschnittswert ausgeben können.

E 6 Erstellen Sie ein Programmstück zur Erfassung eines numerischen
Feldes vom Typ (3,4). Der Benutzer soll nach folgendem Muster
darüber informiert werden, was für eine Eingabe von ihm erwartet
wird:

1. Zeile:
   A(1 , 1):   ...
   A(1 , 2):   ...
   A(1 , 3):   ...
   A(1 , 4):   ...

2. Zeile:
   ...

E 7 Bundesschatzbriefe vom Typ B haben eine Laufzeit von bis zu 7
    Jahren. Das angelegte Geld wird dabei mit jährlich variierenden
    Zinssätzen verzinst; die Zinsen werden jährlich dem Kapital
    zugeschlagen. Schreiben Sie ein Programm, das nach Eingabe der
    Zinssätze und eines Anfangskapitals am Drucker auflistet, auf
    welchen Betrag das angelegte Kapital jeweils am Jahresende ange-
    wachsen ist.

E 8 In einer Stadt sind 4 Kinos zu einem Kinocenter zusammengefaßt.
    Sie fassen 150, 100 und zweimal je 50 Zuschauer.
    a) Schreiben Sie ein Programm, mit dessen Hilfe registriert
       wird, wieviel Karten für die einzelnen Vorstellungen verkauft
       werden. Bei Kassenschluß ist auszugeben, wie stark der jewei-
       lige Besucherandrang war.
    b) Ergänzen Sie das Programm dahingehend, daß bei Überschreitung
       des Fassungsvermögens der Vermerk "Kino ... ist ausverkauft"
       am Bildschirm erscheint.

E 9 An einem Zehnkampf nehmen 32 Sportler teil. Die Ergebnisse von
    jeder Disziplin werden einzeln am Rechner erfaßt. Programmieren
    Sie den Rechner so, daß er am Ende ausgibt, wie die Sieger der
    Teildisziplinen heißen und wer insgesamt gewonnen hat. (Es
    reicht, die Nummer der betreffenden Sportler zu nennen.)

E10 Eine Semestersprecherwahl vollzieht sich so, daß jeder die lau-
    fende Nummer auf der Klassenliste von den zwei Kameraden am
    Computer eingibt, die er wählen möchte. Programmieren Sie den
    Rechner so, daß er am Ende den Kandidaten mit der höchsten
    Stimmenzahl ausgibt. Im Falle eines Unentschiedens sollen alle
    Kommilitonen mit der gleichen Stimmenzahl benannt werden.

E11 Eine Bäckerei besitzt 4 Filialen. Jeden Abend werden die Tages-
    umsätze erfaßt. Erstellen Sie ein Programm, das dies ermöglicht
    und am Wochenende folgende Angaben liefert:

An welchem Tag war der Umsatz am größten?
In welcher Filiale wurde am meisten umgesetzt?
Wie hoch ist der Gesamtumsatz?

E12 Für die Berechnung der Determinante einer dreireihigen Matrix gilt nach Sarrus die Formel:

$$\begin{vmatrix} a_{11} & a_{12} & a_{13} \\ a_{21} & a_{22} & a_{23} \\ a_{31} & a_{32} & a_{33} \end{vmatrix} = \begin{aligned} & a_{11}a_{22}a_{33} + a_{12}a_{23}a_{31} + a_{13}a_{21}a_{32} \\ & - a_{13}a_{22}a_{31} - a_{11}a_{23}a_{32} - a_{12}a_{21}a_{33} \end{aligned}$$

Schreiben Sie ein Programm, das die Erfassung und Berechnung einer beliebigen dreireihigen Determinante gestattet.

E13 Schreiben Sie ein Programm, das das Einlesen einer Reihe von Namen (Abschluß: -9999) gestattet und diese alphabetisch sortiert am Drucker ausgibt.
Hinweis: Eine Lösungsidee besteht darin, zuerst den alphabetisch ersten Namen zu ermitteln, dann den zweiten usw.

F Textverarbeitung (2.8-2.9)

In diesem Paragraphen geht es um die Hilfsmittel zur Textverarbeitung. Es handelt sich dabei hauptsächlich um eine Reihe von nützlichen Standardfunktionen. Hier sind sie:

ASC(X$)	die zum Zeichen X$ gehörige Nummer im ASCII-Code
CHR$(X)	das laut ASCII-Code zu X gehörige Zeichen
INSTR(X$,A$)	ist n, wenn A$ erstmals ab der n-ten Position in X$ ist; sonst 0
INSTR(M,X$,A$)	wie eben, nur wird erst ab der M-ten Stelle nach A$ gesucht
LEFT$(X$,M)	die ersten M Zeichen von X$
LEN(X$)	die Länge von X$
MID$(X$,M)	X$ ab der M-ten Position
MID$(X$,M,N)	das M-te bis M+N-1-te Zeichen von X$, d.h. vom M-ten Zeichen ab genau N Zeichen
RIGHT$(X$,M)	die rechten M Zeichen von X$
STR$(X)	x als String aufgefaßt
VAL(X$)	die am Anfang von X$ stehende Zahl; sonst: 0

Sie können an den folgenden Beispielen sehen, daß man hiermit auch numerische Probleme erfolgreich angreifen kann.

F 1 Schreiben Sie ein Programm, das den Rechner dazu veranlaßt, eine Zeichenkette zeichenweise untereinander am Drucker auszugeben.

F 2 Eine Zeichenkette soll eingelesen und so ausgegeben werden, daß nur jedes zweite Zeichen erscheint. Beispiel: Aus WINNETOU wird INTU.

F 3 Schreiben Sie ein Programm, das jeden Vokal einer einzulesenden Zeichenkette durch einen Stern ersetzt und sie so ausgibt.

F 4 Ein Palindrom ist ein Wort, das vorwärts und rückwärts gelesen gleich ist wie z.B. OTTO oder RELIEFPFEILER. Programmieren Sie den Computer so, daß er erkennt, ob ein eingelesenes Wort ein Palindrom ist oder nicht.

F 5 Schreiben Sie ein Programm, das eine einzulesende Zeichenkette sauber in die Mitte einer 80 Zeichen fassenden Bildschirmzeile schreibt.

F 6 a) Erstellen Sie ein Programm, das eine vom Benutzer einzulesende Zeichenkette so ausdruckt, wie dies für das Wort MENSA dargestellt ist:

```
            M
            ME
            MEN
            MENS
            MENSA
            MENS
            MEN
            ME
            M
```

   b) Lösen Sie dieselbe Aufgabe für folgendes Schriftbild:

```
            M
              E
                N
                  S
                    A
```

F 7 Entscheiden Sie, was bei folgenden Programmen ausgedruckt wird:

   a)
```
   10   A$="WASSERBALL"
   20   FOR I=1 TO LEN(A$)-4
   30      PRINT MID$(A$,I,5)
   40   NEXT I
   50   END
```

   b)
```
   10   A$="WASSERBALL": Z=0
   20   V$="AEIOU"
   30   FOR I=1 TO LEN(A$)
   40      IF INSTR(V$,MID$(A$,I,1))<>0 THEN Z=Z+1
   50   NEXT I
   60   PRINT Z
   70   END
```

   c)
```
   10   A$="WASSERBALL": Z=0
   30   FOR I=1 TO LEN(A$)
   40      Z=Z+1
   50      IF Z=3 THEN Z=0: GOTO 60
   55      PRINT MID$(A$,I,1);
   60   NEXT I
   70   END
```

   d)
```
   10   DATA 74,97,109,101,115,32,66,111,110,100
   20   FOR I=1 TO 10
   30      READ X
   40      PRINT CHR$(X);
   50   NEXT I
   60   END
```

F 8 Erstellen Sie ein Programm, das feststellt, wie oft ein bestimm-
ter Buchstabe in einer Zeichenkette enthalten ist.

F 9 Schreiben Sie ein Programm, das es dem Benutzer gestattet, eine
Reihe von Textzeilen einzulesen und danach die Häufigkeit des
Auftretens der einzelnen Buchstaben in folgender Form ausdruckt:

         A: ...   N: ...
         B: ...   O: ...
         ...   ...
         M: ...   Z: ...

Achten Sie dabei darauf, daß der Text in Groß- und Kleinschreibung vorliegt; bei der Auswertung soll es darauf aber nicht an-
kommen.

F10 Programmieren Sie den Rechner so, daß er ausdruckt, wie oft in
einem Text zwei benachbarte Zeichen gleich sind. Beispiel: Für
den Text KLAPPMESSER kommt 2 heraus.

F11 Veranlassen Sie den Rechner dazu, einen eingegebenen Text in
Großbuchstaben auszugeben.

F12 Schreiben Sie ein Programm zur Berechnung der alternierenden
Quersumme. Hinweis: Die alternierende Quersumme von 61284 ist
4-8+2-1+6 = 3. Sie dient zum Nachweis der Teilbarkeit durch 11.

F13 Programmieren Sie den Rechner so, daß er nach Eingabe eines
beliebigen Großbuchstabens den alphabetisch nächsten Buchstaben
ausgibt; wird Z eingegeben, so soll A erscheinen.

F14 Schreiben Sie ein Programm, das eine großgeschriebene Zeichenkette einliest und so umcodiert, daß jeder Buchstabe im Alphabet
um 3 verschoben erscheint:

         A B C ... W X Y Z
         ↓ ↓ ↓   ↓ ↓ ↓ ↓
         D E F ... Z A B C

F15 Programmieren Sie den Rechner so, daß er in der Lage ist, zwei
eingegebene natürliche Zahlen mit einer Genauigkeit von 20 Stellen durcheinander zu dividieren. Hinweis: Orientieren Sie sich
daran, wie Sie bei der Division "von Hand" vorgehen würden.

F16 a) Schreiben Sie ein Programm, das einen einzulesenden Text im
       Morsecode ausgibt. Hier der Code (Groß- und Kleinschreibung
       bleibt außer Betracht):

a:	.-	n:	-.
ä:	.-.-	o:	---
b:	-...	ö:	---.
c:	-.-.	p:	.--.
d:	-..	q:	--.-
e:	.	r:	.-.
f:	..-.	s:	...
g:	--.	t:	-
h:	....	u:	..-
i:	..	ü:	..--
j:	.---	v:	...-
k:	-.-	w:	.--
l:	.-..	x:	-..-
m:	--	y:	-.--
		z:	--..

Zwischen zwei Zeichen setzt man jeweils ein Leerzeichen.

b) Schreiben Sie umgekehrt ein Programm, das einen im Morsecode vorliegenden Text in Normalform rückübersetzt.

F17 Eine Bank stellt ihre Buchführung auf EDV um. Zur Vermeidung von Buchungsfehlern werden im Zuge dieser Umstellung die bisher sechsstelligen Kontonummern nach folgendem Verfahren um zwei weitere Ziffern ergänzt: Man addiert einfach das 1-fache der ersten, das 2-fache der zweiten usw. und schließlich das 6-fache der sechsten Ziffer. Die letzten beiden Ziffern der so entstehenden Zahl hängt man an die alte Kontonummer an. Beispiel: Aus 241659 wird so wegen 2*1+4*2+1*3+6*4+5*5+9*6 = 116 die neue Nummer 24165916.

a) Schreiben Sie ein Programm, das die Umstellung einer alten Kontonummer nach dem geschilderten Verfahren erlaubt.

b) Wie kann rechnergesteuert geprüft werden, ob eine achtstellige Kontonummer im Sinne des obigen Verfahrens korrekt ist?

F18 In einem Betrieb wird die Arbeitszeit mit der Stechuhr erfaßt. An jedem Wochentag wird registriert, wann der Mitarbeiter den Betrieb betreten und wann er ihn verlassen hat. Schreibe ein Programm, das aus diesen Angaben die wöchentliche Arbeitszeit errechnet und angibt, um wieviel Minuten die Wochenarbeitszeit von 38.5 Stunden über- bzw. unterschritten wurde.

F19 In der Fernsehshow "Auf los gehts los" waren Begriffe zu erraten. Als Hilfe wird nach Eingabe eines Buchstabens angezeigt, ob und wenn ja wo er im gesuchten Wort enthalten ist. Sucht man beispielsweise nach TAUBNESSEL und fragt nach dem E, so wird ------E--E- ausgegeben.

a) Schreiben Sie ein Programm, das für einen in Zeile 10 defi-
   nierten Suchbegriff das Gewünschte leistet.
b) Ergänzen Sie das Programm so, daß nach jeder Anzeige der fer-
   tige Begriff geraten werden kann und man so lange weiter-
   macht, bis der Suchbegriff gefunden ist.

F20 In einer öffentlichen Bücherei muß man für jeden Tag, den man
    ein Buch zu spät abgibt, eine Mahngebühr in Höhe von 20 Pf be-
    zahlen. Erstellen Sie ein Programm, das nach Eingabe von Fällig-
    keits- und Rückgabedatum den zu entrichtenden Betrag ermittelt.
    Sie können dabei unterstellen, daß kein Buch länger als ein Jahr
    überfällig ist und daß für einen etwaigen 29.2. keine Gebühr
    anfällt.

F21 (nur für Schachspieler)
    a) Schreiben Sie ein Programm, das nach Eingabe eines Feldes auf
       dem Schachbrett angibt, welche anderen Felder ein einsamer
       Turm erreichen könnte.
    b) Lösen Sie dieselbe Aufgabe für einen Läufer!

G Verwendung des Zufallsgenerators (2.10)

In diesem Abschnitt präsentieren wir Ihnen Aufgaben zum Zufallsgenerator. Dieser erzeugt gleichverteilte Zufallszahlen aus dem Intervall [0,1). Von der Vokabelseite her ist nicht allzuviel anzumerken:

RND	Aufruf der nächsten Zufallszahl
RANDOMIZE TIMER	Starten des Zufallsgenerators an einer ausgelosten Position

Vielleicht wundern Sie sich über die ausgeprägte Aufgabenfülle dieses Paragraphen. Diese hat zwei Gründe: Zum einen hat das Hantieren mit Zufallszahlen besonders viele verschiedenartige Anwendungen, zum andern können wir dabei zahlreiche Anweisungstypen von früher auf spielerische Weise wiederholen.

G 1 Veranlassen Sie den Rechner dazu, daß er
a) 20 ganzzahlige Zufallszahlen im Bereich [10,50) ausgibt;
b) 20 beliebige Zufallszahlen im selben Bereich ausgibt.

G 2 In der früheren Fernsehserie "3 mal 9" wurde eine ganze Zahl zwischen 111 und 999 ausgelost. Erstellen Sie ein Programm, das eine derartige Ziehung durchführt.

G 3 Lassen Sie den Computer so lange gewöhnliche Zufallszahlen ziehen und aufaddieren, bis die Summe den Wert 100 erreicht oder überschreitet. Anschließend soll ausgegeben werden, wieviel Zufallszahlen benötigt wurden. Was für einen Wert erwarten Sie ungefähr?

G 4 Programmieren Sie den Rechner so, daß er 100 Zufallszahlen erzeugt und danach ihr Maximum, ihr Minimum und ihren Mittelwert am Bildschirm ausgibt.

G 5 Nachdem der ersehnte Nachwuchs endlich in Person einer Tochter da ist, können sich die glücklichen Eltern nicht auf einen Vornamen einigen. Nach längerem Gezerre kommen noch die Namen Christine, Claudia, Martina, Nicole und Sonja in Frage. Diese gefallen allen Beteiligten gleich gut. Schreiben Sie ein Programm, das zufallsgesteuert dem Streit ein Ende macht und den ausgelosten Namen am Bildschirm ausgibt.

G 6 Schreiben Sie ein Programm, das das Werfen einer Münze dadurch simuliert, daß der Rechner 100mal zufallsgesteuert KOPF oder ZAHL am Drucker ausgibt. Beides soll natürlich gleichwahrscheinlich sein.

G 7 Erstellen Sie ein Programm, das folgendes Spiel realisiert: Der
Rechner zieht eine ganze Zahl zwischen 0 und 1000. Danach wird
der Benutzer aufgefordert, die gezogene Zahl zu raten. Der Computer gibt an, ob der geratene Wert stimmt bzw. ob er größer
oder kleiner als die gezogene Zahl ist. Dies wird so lange wie-
derholt, bis die richtige Zahl geraten ist. Danach gibt der
Rechner aus, wieviel Versuche nötig waren. Welche Strategie bietet sich an?

G 8 Ein Freund von mir hat einen interessanten Nebenjob: Er erfindet
Spiele für einen bekannten Ravensburger Verlag. Bei einem derar-
tigen Spiel wird beispielsweise eine Spielfigur je nach der
Augenzahl eines einzelnen Würfels fortbewegt. Mein Freund beob-
achtete nun, daß man so besonders oft auf Feld 21 kommt.
Schreiben Sie ein Programm, das an Hand von 1000 Versuchen fest-
stellt, in wieviel Prozent aller Fälle man dieses Feld im ersten
Umlauf vom Start weg erreicht.

G 9 a) Ein System besteht aus drei parallelgeschalteten gleicharti-
gen Bauteilen. Es funktioniert selbst dann noch richtig, wenn
auch nur ein einziges Bauteil intakt ist. Machen Sie ein Programm, das an Hand von 1000 Versuchen feststellt, wie wahrscheinlich ein Crash ist, wenn jedes einzelne Bauteil eine
Ausfallrate von 5% hat.
b) Lösen Sie dieselbe Aufgabe für den Fall, daß alle drei Bau-
teile funktionieren müssen!

G10 Beim Fußballtoto wird für den Fall, daß ein Spiel ausfällt, das
Ergebnis unter sportlichen Gesichtspunkten ausgelost. Das geht
so vor sich, daß man vorher bekanntgibt, wie Experten den Spiel-
ausgang vorhersagen. Zum Beispiel kann der Totospieler die Quote
5-3-2 erfahren, was heißt, daß man zu 50% mit einem Sieg der
Heimmannschaft, zu 30% mit einem Unentschieden und zu 20% mit
einem Auswärtssieg rechnet. Schreiben Sie ein Programm, das nach
Eingabe der Quoten eine derartige Auslosung vornimmt.

G11 Ein Konzern sucht einen Namen für sein neues Produkt. Der Werbe-
manager kommt auf die Idee, es mit einem dreisilbigen Wort zu
versuchen. Zur Auswahl stehen die Silben al, ben, so, lin, en,
ka, um, san, do, el, bei, ro. Schreiben Sie ein Programm, das
zufallsbedingt 10 Namensvorschläge macht.

G12 Wer mit dem Großrechner der Fachhochschule Ulm arbeiten möchte,
muß ein individuelles Passwort aus 6 Zeichen nennen. Damit die
Studenten unsere Passwörter nicht erraten können, lassen wir uns

hier vom Zufallsgenerator helfen. Schreiben Sie ein Programm,
das uns ein Passwort vorschlägt, falls
  a) nur Großbuchstaben
  b) Großbuchstaben und Ziffern
erlaubt sind.

G13 a) Schreiben Sie ein Programm, das zufallsgesteuert Multiplika-
       tionsaufgaben aus dem großen Einmaleins (bis 10x20) stellt
       und die gegebene Antwort auf ihre Richtigkeit hin überprüft.
    b) Lösen Sie dieselbe Aufgabe, wenn nun die Addition von Zahlen
       im Bereich 0-100 mit drei Nachkommastellen geübt werden soll.

G14 Jemand schlägt Ihnen folgendes Spiel vor: Sie würfeln mit zwei
    Würfeln. Vor jedem Wurf müssen Sie einen Einsatz von 1 DM bezah-
    len. Wenn Sie eine 10 würfeln, so bekommen Sie den Einsatz zu-
    rück, bei einer 11 gibt es 5 DM, bei einer 12 dagegen 20 DM.
    Stellen Sie anhand einer 1000 Würfe umfassenden Versuchsserie
    fest, ob Sie sich auf dieses Spiel einlassen können.

G15 a) Ein Lehrer, der ein uns unverständliches Faible für multiple-
       choice-tests hat, stellt eine aus 30 Aufgaben bestehende
       Klausur zusammen. Bei jeder Frage werden 5 Alternativen ange-
       boten, von denen immer genau eine richtig ist. Schreiben Sie
       ein Programm, das zufallsgesteuert die Positionen der jeweils
       richtigen Antwort festsetzt.
    b) Nachdem nun die richtigen Lösungen feststehen, lassen wir den
       Rechner raten, indem er willkürlich 30 Antworten auswählt.
       Stellen Sie anhand von 100 Versuchsreihen fest, wieviel Rich-
       tige im Durchschnitt geraten werden und wie hoch die höchste
       dabei erzielte Trefferquote ist.

G16 Schreiben Sie ein Programm, das 1000 Roulette-Ziehungen simu-
    liert und angibt, wie oft hintereinander einmal, zweimal, drei-
    mal etc. eine gerade bzw. ungerade Zahl gekommen ist. So sehen
    Sie, wie lange Glücks- bzw. Pechsträhnen anhalten können, wenn
    Sie auf PAIR bzw. IMPAIR setzen. Hinweis: Im Roulette gibt es
    die Zahlen 0,...,36, wobei 0 nicht als gerade gewertet wird.

G17 Zur näherungsweisen Bestimmung der Fläche eines Ursprungskreises
    mit Radius 1 werden 1000 Paare von Zufallszahlen zwischen -1 und
    1 erzeugt und als Koordinatenpunkte aufgefaßt. Gezählt wird, wie
    oft ein derartiger Punkt im Innern des Kreises liegt. Da alle
    Punkte in einem Quadrat der Fläche 4 liegen, kann daraus auf die
    Kreisfläche geschlossen werden. Berechnen Sie den betreffenden
    Näherungswert.

G18 Schreiben Sie ein Programm, das an Hand von 100 Versuchen untersucht, wie groß die Wahrscheinlichkeit ist, daß zwei von N zufällig ausgewählten Personen am selben Tag Geburtstag haben.

G19 Laut Statistik sind derzeit ca. 52% der Neugeborenen Buben.
Simulieren Sie an 1000 Beispielen mit vier aufeinanderfolgenden
Geburten, in wieviel Prozent der Fälle genau 4 Jungen bzw.
3 Knaben und ein Mädchen zur Welt kommen.

G20 Ein Wetterbeobachter weiß, daß an seinem Heimatort auf einen Tag
mit schönem Wetter mit einer Wahrscheinlichkeit von 25% ein
Schlechtwettertag folgt. Umgekehrt ist es so, daß es nach einem
Schlechtwettertag mit 40% Wahrscheinlichkeit anderntags schön
ist. Heute ist Donnerstag, und es ist schön. Schreiben Sie ein
Programm, das anhand von 1000 Versuchen die Chance ermittelt,
daß es am Sonntag ebenfalls schönes Wetter gibt.

G21 a) Erstellen Sie ein Programm, das 1000 Ziehungen im klassi-
schen Lotto-Spiel 6 aus 49 durchführt und zählt, wie oft jede
Zahl gezogen wurde.
b) Ergänzen Sie das Programm dahingehend, daß am Schluß ausgegeben wird, wie lange die einzelnen Zahlen bereits nicht mehr
gezogen wurden.

G22 Modifizieren Sie das Programm der letzten Aufgabe dahingehend,
daß anhand von 1000 Ziehungen überprüft wird, wie oft Sie mit
einem festen Tip 0, 1, 2... Richtige erzielt haben!

G23 Die Wahrscheinlichkeit dafür, daß ein Mann genau k Söhne hat,
kann wie folgt angegeben werden:

   k=0   48.2%
   k=1   28.3%
   k=2   16.5%
   k=3   6.8%
      •   •

Schreiben Sie ein Simulationsprogramm, das angibt, wieviel männliche Nachkommen gleichen Namens nach 10 Generationen noch existieren; der Einfachheit halber nehmen wir an, daß in den fehlenden 0.2% der Fälle genau 4 Söhne gezeugt werden. (So lange
ausschließlich der Familienname des Mannes vererbt wurde, war
diese Zahl wichtig für das Überleben des Namens in direkter
Linie.)

H Die formatierte Ausgabe (3.1)

Nachdem wir uns in Abschnitt C mit der Standardausgabe beschäftigt haben, wenden wir uns nun den Möglichkeiten der formatierten Ausgabe zu:

PRINT USING Formatstring; X1,...,XN
    ermöglicht die formatierte Ausgabe am Bildschirm. Folgende Formatstrings sind gebräuchlich:

###.##	Ausgabe von Zahlen
#.## E↑↑↑↑	Ausgabe von Zahlen in Exponentenschreibweise
\ \	linksbündige Ausgabe von Texten an vorgeschriebenem Ort
&	Ausgabe beliebiger Texte

Steht hinter XN ein Semikolon, so wird der Cursor festgehalten.

Parallel dazu gibt es die Anweisung LPRINT USING, die die Ausgabe am Drucker vornimmt.

H 1 Veranlassen Sie den Rechner dazu, nach Eingabe von Zinssatz, Laufzeit und Grundkapital eine Auskunft der Form
    Aus ... DM werden bei ...% Zinsen in ... Jahren ... DM.
    Sie können dabei unterstellen, daß maximal fünfstellige Geldbeträge in Betracht kommen.

H 2 Die alten englischen Längenmaße sind: 1 inch = 2.54 cm, 1 foot = 30.48 cm, 1 yard = 91.44 cm.
    a) Erstellen Sie ein Programm, das eine mit passenden Überschriften versehene Umrechnungstabelle von 1 cm bis 100 cm bei einer Schrittweite von 1 cm am Drucker ausgibt.
    b) Ergänzen Sie das Programm so, daß nach jeweils 10 cm eine Leerzeile eingeschoben wird.

H 3 Programmieren Sie den Computer so, daß er nach Eingabe des Tageskurses für Dollar eine Umrechnungstabelle der folgenden Art am Drucker ausgibt:

Mark	Dollar	Dollar	Mark
10.00	4.00	10.00	25.00
20.00	8.00	20.00	50.00
	...		
1000.00	400.00	1000.00	2500.00

Wer sehr realitätsnah vorgehen will kann auch die beiden gering-
fügig verschiedenen Kurse zum Einlösen und zur Ausgabe eingeben.

H 4 Wer einen Kredit über K DM in konstanten Monatsraten in N Jahren
bei einem Festzins von p% abzahlen möchte, muß Raten in Höhe von

$$\text{Rate} = \frac{K(1+p_1)^n \cdot p_1}{(1+p_1)^n - 1} \qquad p_1 = \frac{p}{12 \cdot 100}$$

entrichten. Lassen Sie einen Tilgungsplan in der folgenden Form
erstellen:

Monatsnr.   Zins   Tilgung   Restschuld

...   .

Hinweis: Der monatliche Zinsanteil wird so berechnet, daß man
ausrechnet, wie hoch die auf die Restschuld des Vorgängermonats
im laufenden Monat angefallenen Zinsen sind.

H 5 Zur näherungsweisen Berechnung von f(x)=tan x kann in der Umge-
bung von 0 das Polynom $g(x) = x-1/3x^3$ herangezogen werden.
   a) Geben Sie für den Bereich [-1,1] eine Tabelle inclusive Über-
      schrift aus, in der nebeneinander bei einer Schrittweite von
      0.1 jeweils x, f(x), g(x) und f(x)-g(x) am Drucker ausgegeben
      werden.
   b) Ergänzen Sie das Programm so, daß am Schluß die betragsmäßig
      größte Abweichung am Bildschirm erscheint.

H 6 Ein Fahrlehrer hat folgende Preistafel:
      Theoretischer Unterricht: 220 DM
      Normale Fahrstunde   35 DM
      Sonderfahrstunde   60 DM
      Vorstellung zur Prüfung   60 DM
      Prüfungsgebühr   50 DM
      Gebühr für Wiederholung   80 DM
Erstellen Sie ein Programm, das auf dieser Basis nach Eingabe
der benötigten Stunden eine saubere Rechnung ausdruckt. Bedenken
Sie dabei, daß am Ende 14% Mehrwertsteuer anzufügen sind.

H 7 Schreiben Sie ein Programm, das eine Tabelle des Großen Einmal-
eins in folgender Form am Drucker ausgibt:
      1   2   3   4   5   6   7   8   9   10
      2   4   6   8   10   12   14   16   18   20
      3   6   9   12   15   18   21   24   27   30
                         ...
     20   40   60   80 100 120 140 160 180 200

H 8 Programmieren Sie den Computer so, daß folgendes Lottoschema am
Drucker erscheint:

```
 1    2    3    4    5    6    7
 8    9   10   11   12   13   14
               •••
43   44   45   46   47   48   49
```

H 9 Der Rechner soll einen Jahreskalender am Drucker ausgeben. Als
    Eingangsinformation wird mitgeteilt, welchen Wochentag der 1.Ja-
    nuar hat und ob ein Schaltjahr vorliegt. Es wird folgende äußere
    Form verlangt:

Januar

```
Mo   Di   Mi   Do   Fr   Sa   So
                1    2    3    4    5
 6    7    8    9   10   11   12
13   14   15   16   17   18   19
20   21   22   23   24   25   26
27   28   29   30   31
```

•••

I Dateien (3.3-3.4)

Wir kommen nun zu dem für die Anwendung besonders wichtigen Gebiet der Datenspeicherung. Anders als sonst üblich, stellen wir hier längere, zusammenhängende Aufgaben vor. Dies dürfte den tatsächlichen Anforderungen in diesem Sektor entsprechen. Am Anfang aber wie immer eine Aufstellung der nötigen Vokabeln:

CLOSE #X: Die über Kanal X geöffnete Datei wird geschlossen.

FIELD #X, A1 AS A1$,..., AN AS AN$:
        definiert den Aufbau eines Datensatzes bei der Zugriffsart random access.

GET #X: liest den nächsten Datensatz der über Kanal X angesteuerten random-access-Datei ein. Denkbar ist auch GET #X,NR; dies liest den Datensatz Nummer NR ein.

INPUT #X, A1,...,AN:
        liest Daten aus der über Kanal X angesteuerten sequentiellen Datei.

LSET A1$=A$:
        A$ wird linksbündig in das Feld A1$ gesetzt. Rechts werden nötigenfalls Leerzeichen ergänzt. Dies ist wichtig bei random-access-Dateien.

NAME "Alt" AS "Neu":
        benennt die Datei Alt um in Neu.

OPEN: Anweisung zum Öffnen von Dateien.
        sequentiell: OPEN "Name" FOR Zugriff AS #Kanalnummer
        random access: OPEN "Name" AS #Kanalnummer LEN=X

PRINT #X, PRINT #X USING:
        Die Ausgabe erfolgt nicht am Bildschirm, sondern sequentiell in die über Kanal X angeschlossene Datei; sonst besteht kein Unterschied zu PRINT bzw. PRINT USING.

PUT #X: schreibt den nächsten Datensatz in die über Kanal X angesteuerte random-access-Datei. Denkbar ist auch PUT #X,NR; was den Datensatz Nummer NR mit Daten beschreibt.

RSET A1$=A$:

> A$ wird rechtsbündig in das Feld A1$ gesetzt. Links wer-
> den nötigenfalls Leerzeichen ergänzt. Dies ist wichtig
> bei random-access-Dateien.

WRITE #X, A1,...,AN:

> schreibt in die über Kanal X erreichbare sequentielle Da-
> tei. Jede angegebene Variable oder Konstante wird ein
> einzelnes Datum.

Von Interesse ist auch die Standardfunktion EOF(Kanalnummer); sie
ist am Dateiende -1 und sonst 0.

Schließlich sei daran erinnert, daß bei einer sequentiellen Datei
die einzelnen Daten chronologisch abgelegt werden. Ein fester Daten-
satzaufbau besteht nicht. Beim Organisationstyp random access dagegen hat jeder Datensatz dieselbe Länge und denselben inneren Aufbau.
Er kann daher durch Nennung seiner Nummer angesprochen werden.

I 1 In einer sequentiell organisierten Datei WAHLFACH werden von jedem Teilnehmer eines Wahlfaches Name, Vorname, Semester und die
Endnote jeweils als Einzeldatum erfaßt. Die Semesterzugehörigkeit sieht so aus, daß vorne ein einzelner Buchstabe für den
Fachbereich und danach der Semesterzähler steht (also etwa P3
für einen Drittsemester der Fachschaft P).
   a) Schreiben Sie ein Programm, das die Namen und die Noten aller
      Wahlfachteilnehmer aus dem Fachbereich P am Drucker ausgibt.
   b) Erstellen Sie ein Programm, das die Namen aller Studenten des
      Fachbereichs P ausdruckt, die durchgefallen sind (also 4.1
      und schlechter hatten).
   c) Wir arbeiten mit Tutoren. Daher wollen wir eine neue Datei
      TUTOR mit demselben Aufbau wie WAHLFACH anlegen, in die die
      Daten aller Studenten eingetragen werden, die höchstens im
      7.Semester sind und 1.5 oder besser geschrieben haben.

I 2 Lösen Sie die Aufgabe von eben unter der Voraussetzung, daß
WAHLFACH und TUTOR die Organisationsform random access besitzen.
Ein einzelner Datensatz soll wie folgt aufgebaut sein:
   Name   15 Zeichen
   Vorname   12 Zeichen
   Semesterzugehörigkeit   4 Zeichen
   Note   3 Zeichen
Alle Eintragungen sind linksbündig erfolgt; typisch wäre also
etwa:
   Grimm   Ralf   L2 1.9

I 3 Ein Kaufmann hat sein Warensortiment in einer wahlfrei organisierten Datei LAGER erfaßt. Als Satznummer verwendet er die
höchstens dreistellige Artikelnummer. Ansonsten ist ein Datensatz wie folgt aufgebaut:

Bezeichnung   20 Zeichen
Preis   7 Zeichen

Die Bezeichnung ist linksbündig, der Preis rechtsbündig eingetragen, wobei stets die Pfennigbeträge mit angegeben sind. Ein
nicht besetzter Datensatz ist daran kenntlich, daß seine Bezeichnung mit ### beginnt.

a) Schreiben Sie ein Programm zur Erfassung eines neuen Artikels; selbstverständlich ist zu prüfen, daß nicht versehentlich eine alte Eintragung überschrieben wird.

b) Machen Sie ein Programm, mit dessen Hilfe ein Artikel gestrichen werden kann.

c) Der Kaufmann schreibt seine Rechnungen so, daß er einfach
Stückzahl und Artikelnummer eingibt. Der Rechner fügt die
passende Bezeichnung hinzu und berechnet und notiert den
Preis. Schreiben Sie ein entsprechendes Programm.

d) Erstellen Sie eine Gesamtliste des Sortiments. Ausgedruckt
werden sollen die Artikelnummer, die Bezeichnung und der
Preis. (Natürlich dürfen leere Sätze nicht ausgedruckt werden.)

I 4 Eine sequentiell organisierte Datei CLUB enthält für alle circa
60 Mitglieder eines Vereins Name, Vorname, Straße, Wohnort, Geburtsjahr und Eintrittsjahr (jeweils als Einzeldatum).

a) Schreiben Sie ein Programm für die Neuaufnahme eines Mitglieds.

b) Schreiben Sie ein Programm zur Streichung der Daten eines
Mitglieds.

c) Veranlassen Sie den Computer dazu, die Namen von all denjenigen Mitgliedern herauszugeben, die im laufenden Jahr ihr
25jähriges Vereinsjubiläum feiern.

I 5 Wir betrachten noch einmal die Datei CLUB aus dem vorigen Beispiel, treffen jetzt aber die zusätzliche Voraussetzung, daß die
Eintragungen alphabetisch nach den Nachnamen sortiert sind.

Erstellen Sie zum schnellen Aufsuchen der Daten eines Mitglieds
ein möglichst effektives Programm, das nach spätestens 6 Suchschritten am Ziel sein sein sollte.

I 6 Die Spielergebnisse der Bundesliga sollen wie folgt in einer Tabelle erfaßt werden (natürlich ohne die Randzahlen):

	1	2	3	4	5	...	18
1		1:0	3:1		1:3		
2							
3	1:1						
.		...					
18	1:1						

Dies ist so zu interpretieren, daß Club 1 zu Hause gegen Club 3
ein 3:1 erzielt hat; man erfaßt also die Resultate immer so, daß
die in der betreffenden Zeile stehende Mannschaft Heimrecht hat.
Nicht beschriebene Felder deuten darauf hin, daß das betreffende
Spiel noch nicht stattgefunden hat.

a) Schreiben Sie ein Programm, das die wöchentliche Erfassung
   der Spielergebnisse in einer geeigneten Datei LIGA gestattet.
b) Errechnen Sie daraus Punktestand und Torbilanz der einzelnen
   Mannschaften.

I 7 Straftaten und Ordnungswidrigkeiten im Straßenverkehr werden
durch sogenannte Tatkennziffern beschrieben. Diese bestehen aus
einem der Buchstaben von A bis M, gefolgt von einer Zahl unterhalb von 26. Erfaßt werden jeweils die Bezeichnung (höchstens 40
Zeichen) und die Punktewertung für Flensburg. Diese Größen werden in einer wahlfrei organisierten Datei VERKEHR erfaßt. Die
jeweilige Satznummer errechnet sich nach folgendem Schema:

    A1:   1
    A2:   2
       .
    A25:   25
    B1:   26
       .
    M25:   325

a) Schreiben Sie ein passendes Erfassungsprogramm.
b) Der örtliche Polizeiposten will nach normalen Verkehrsverstö-
   ßen Schreiben der folgenden Art loslassen:

   Sehr geehrter Verkehrsteilnehmer!

   Sie haben sich folgender Verstöße schuldig gemacht:
       ...
   Bitte finden Sie sich am ... um ... im Polizeirevier 3 ein.

   Hochachtungsvoll

Erstellen Sie ein Programm, das nach Erfassung der fehlenden Größen den gewünschten Text am Drucker ausgibt. Eingegeben werden die Tatkennziffern, gedruckt werden soll Klartext.

I 8 In einer Datei N2 sollen die Noten der Studenten des zweiten Semesters Nachrichtentechnik erfaßt werden. Es gibt die Fächer Mathematik, Grundlagen der Elektrotechnik, Physik, Datenverarbeitung und Programmieren. Bestanden hat, wer 4.0 oder besser in dem betreffenden Fach geschrieben hat.

   a) Schreiben Sie ein Erfassungsprogramm für eine geeignete Datenstruktur!

   b) Lassen Sie den Rechner - nach Fächern getrennt - auflisten, wer in genau einem Fach durchgefallen ist und demzufolge eine Nachholprüfung schreiben darf.

   c) Lassen Sie den Rechner alle Studenten am Drucker auflisten, die in zwei oder mehr Fächern durchgerauscht sind.

J Graphiken (3.5-3.6)

Nun kommen wir zu Übungsaufgaben im Bereich Graphiken. Hier werden Sie wahrscheinlich die relativ größten Schwierigkeiten bei der Anpassung an die Verhältnisse Ihres eigenen Rechners haben. Die von uns behandelte HBASIC-Version verfügt unter anderem über folgende Anweisungen:

CIRCLE (X,Y),R,Farbe,Anfang,Ende,Maßstab:

Es wird eine Ellipse mit dem Mittelpunkt (X,Y) und der horizontalen Hauptachse R gezeichnet. Der Parameter Maßstab gibt an, wie sich die Länge der anderen Achse zu R verhält (wenn man einen Kreis will, muß man den Maßstab auf 0.7 setzen). Anfang und Ende regeln gegebenenfalls den gezeichneten Ausschnitt. Der Einfluß von Farbe ist klar.

LINE: Dies ist die zentrale Anweisung für das Erstellen von Graphiken. Im einzelnen gibt es:

LINE (X1,Y1)-(X2,Y2):   zeichnet Strecke von (X1,Y1) nach (X2,Y2).

LINE -(X2,Y2):   zeichnet Strecke vom momentanen Standort nach (X2,Y2).

LINE (X1,Y1)-(X2,Y2),,B: zeichnet das Rechteck mit der linken oberen Ecke (X1,Y1) und der rechten unteren Ecke (X2,Y2).

LINE (X1,Y1)-(X2,Y2),,BF: wie oben, nur wird jetzt das Rechteck als Fläche gefüllt.

Der hier nicht besprochene mittlere Parameter kann die Zeichenfarbe regeln.

PAINT (X,Y),Farbe1,Farbe2:

Beginnend bei (X,Y) wird die Figur, die durch Farbe2 berandet ist, mit Farbe1 ausgemalt. Welche Farben Ihnen dabei zur Verfügung stehen, finden Sie in Ihrem Handbuch.

PSET (X,Y), Farbe1:

Zeichnet in Farbe1 einen Punkt an die Position (X,Y).

SCREEN X: Diese Anweisung entscheidet in Abhängigkeit von X, wie der Bildschirm genutzt wird, und zwar liefern:

X=0:	den Textmodus
X=1:	die niedrige graphische Auflösung
X=2:	die hohe graphische Auflösung

Über weitere Möglichkeiten informiert das Handbuch.

VIEW (X1,Y1)-(X2,Y2),F1,F2:

Diese Anweisung legt den Bildausschnitt für das Erstellen von Graphiken fest. Der erstgenannte Punkt markiert die linke obere, der zweite die rechte untere Ecke. Wird F2 angegeben, so wird der Rand des betreffenden Gebietes mit Farbe F2 gezeichnet. (Der Parameter F1 kann dazu verwendet werden, den ganzem Bildausschnitt einzufärben).

WINDOW (X1,Y1)-(X2,Y2):

Diese Anweisung führt Benutzerkoordinaten ein. Die linke untere Ecke des ausgewählten Zeichenbereichs bekommt die Koordinaten (X1,Y1), die rechte obere dagegen (X2,Y2).

Des weiteren müssen wir Ihnen noch berichten, wie die vorgefundene Bildschirmeinteilung aussieht:

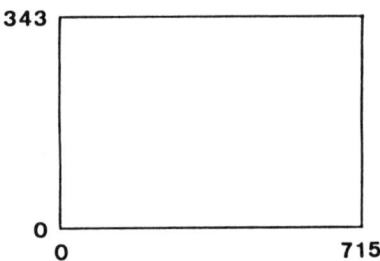

Im übrigen ist eine Einheitsstrecke in der Waagrechten so lang wie eine Strecke der Länge 0.7 in der Senkrechten. Wenn aus der Fragestellung nichts anderes hervorgeht, beziehen sich alle Aufgaben auf ein Standard-Koordinatensystem mit $-10 <= x <= 10$ und $-7 <= y <= 7$.

J 1 Schreiben Sie ein Programm, das dem Benutzer die Eingabe einer von ihm festzulegenden Zahl von Punkten im Bereich $-10 <= x <= 10$ und $-7 <= y <= 7$ gestattet und diese mit einem "x" in ein Koordinatensystem einzeichnet.

J 2 Lassen Sie den Rechner ein Koordinatensystem im Bereich $-a <= x <= a$ und $-b <= y <= b$ mit vom Benutzer festzulegenden Größen a und b zeichnen, und markieren Sie die ganzzahligen Gitterpunkte durch einen Punkt.

J 3 Programmieren Sie den Computer so,   daß er folgendes Maschengit-
ter auf den Bildschirm zeichnet:

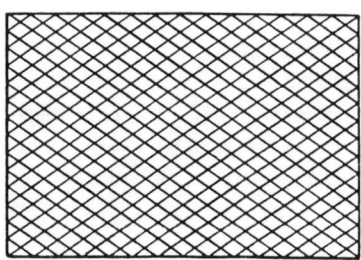

J 4 Eine gedämpfte Schwingung kann durch y=exp(-0.2x)sin(3x) beschrieben werden. Zeichnen Sie diese Kurve sowie die Amplituden-
hüllkurven y=exp(-0.2x) und y=-exp(-0.2x) in ein und dasselbe
passend gewählte Koordinatensystem.

J 5 Entlocken Sie dem Computer ein Herz, indem Sie die Funktionen
$$f(x) = |x| + \sqrt{25-x^2} \quad \text{und} \quad g(x) = |x| - \sqrt{25-x^2}$$
bei gleichen Maßstäben auf beiden Achsen für -5<=x < =5 möglichst groß in die Mitte des Bildschirms zeichnen lassen. Hinweis: Die Funktionswerte der beiden Kurven liegen im Bereich
-5.2<=y < =7.3.

J 6 Veranlassen Sie den Rechner dazu, eine Zielscheibe aus 14 Ringen
möglichst groß auf den Bildschirm zu zeichnen. Jeder zweite
Kreisring soll dabei dunkel gefärbt sein.

J 7 Lassen Sie den Rechner bildschirmfüllend ein großes A zeichnen!

J 8 Der Rechner soll folgendes Vorfahrtszeichen groß in die Mitte
des Bildschirms zeichnen:

J 9 Schreiben Sie ein Programm, das für eine vom Benutzer eingelese-
ne Zahl N ein regelmäßiges N-Eck in die Bildschirmmitte zeichnet.

J10 Das Schaubild der durch die Parameterdarstellung
     $x(t)=\exp(-0.3t)\cos(4t)$
     $y(t)=\exp(-0.3t)\sin(4t)$
gegebenen Kurve ist eine Spirale. Zeichnen Sie diese für $0<=t<=8$
in ein Koordinatensystem mit $-5<==x<==5$ und $-3.5<==y<==3.5$ und
gleichen Einheitsstrecken in der Horizontalen und der Vertikalen.

J11 Ein Spieler untersucht, wie häufig die einzelnen Augenzahlen
beim Würfeln auftreten. Dazu läßt er den Rechner 1000 Versuchen durchführen und will das Ergebnis graphisch durch Balken
passender Höhe veranschaulichen. Schreiben Sie ein dafür
geeignetes Programm.

J12 Zur Veranschaulichung der Vorgänge beim Münzwurf soll so vorge-
gangen werden: Zunächst einmal wird ein Koordinatensystem mit
der Einteilung $0<==x<==150$, $-30<==y<==30$ gezeichnet. Danach läßt
man den Cursor wie folgt wandern: Man startet beim Ursprung.
Danach zieht man eine Zufallszahl. Ist sie größer als 0.5, so
geht man um eine Einheit nach rechts und eine nach oben, andernfalls geht man um eine Einheit nach rechts und um eine nach
unten. Den so gefundenen Punkt verbindet man mit dem Ursprung
durch eine Strecke. Ausgehend von diesem neuen Punkt verfährt
man entsprechend weiter bis man bei x=150 angelangt ist. Schreiben Sie ein entsprechendes Programm.

J13 Lassen Sie den Rechner den unten abgebildeten Stern zeichnen!

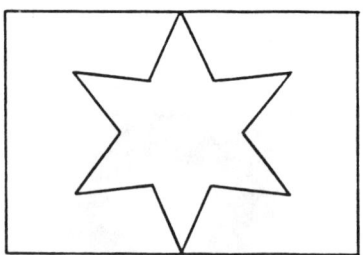

J14 Wenn man nach der Methode der kleinsten Fehlerquadrate die best-
mögliche Gerade y=mx+c durch N Meßwerte $(x_1,y_1),\dots,(x_N,y_N)$ bestimmt, so erhält man mit den Abkürzungen

$$[\,x\,] = x_1 + x_2 + \ldots + x_N$$
$$[\,y\,] = y_1 + y_2 + \ldots + y_N$$
$$[\,xx\,] = x_1 x_1 + x_2 x_2 + \ldots + x_N x_N$$
$$[\,xy\,] = x_1 y_1 + x_2 y_2 + \ldots + x_N y_N$$

das Ergebnis:

$$m = (N[xy]-[x][y]) \,/\, (N[xx]-[x][x])$$
$$c = ([y][xx]-[x][xy]) / (N[xx]-[x][x])$$

a) Schreiben Sie ein Programm, das N Punkte einliest und diese auf dem Bildschirm darstellt; verwenden Sie dabei die Minima und Maxima der Koordinaten zur Festlegung des Benutzerkoordinatensystems.

b) Ergänzen Sie das Programm der Aufgabe so, daß zusätzlich zu den betreffenden Punkten auch noch die dazugehörige Ausgleichsgerade gezeichnet wird.

J15 Programmieren Sie den Rechner so, daß er folgendes Muster auf den Bildschirm zeichnet:

Hinweis: Wenn man den Abstand eines Punktes vom Ursprung mit r und den Winkel zur positiven x-Achse mit t bezeichnet, dann können die vier "Blumen" durch

$$r(t)= |\cos(at)| \qquad t=0,\ldots, 2\pi, \quad a=2, \; 2.5, \; 3, \; 3.5$$

beschrieben werden:

J16 Die folgende rotationssymmetrische Figur kann dadurch konstruiert werden, daß man den unten gezeichneten Streckenzug 18mal um jeweils 20 Grad weiterrotieren läßt. Schreiben Sie ein entsprechendes Programm.

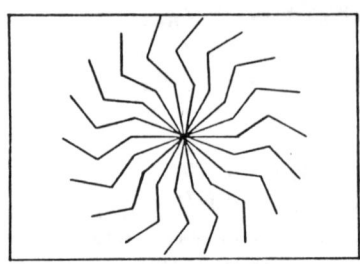

J17 Eine beliebte Bastelaufgabe besteht darin, einen Kreis durch N
    Stecknadeln in N gleiche Teile zu teilen und dann jede Nadel mit
    jeder durch einen Faden zu verbinden. Die untenstehende Skizze
    zeigt die Situation für N=8:

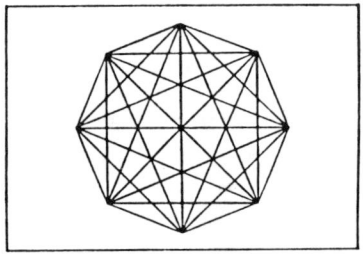

    Programmieren Sie den Rechner so, daß er für vom Benutzer frei
    wählbares N die betreffende Figur in die Mitte des Bildschirms
    zeichnet.

J18 Erstellen Sie wie folgt ein universell wirksames Programm zum
    Zeichnen einer in Zeile 10 definierten Funktion:
    Fragen Sie zunächst ab, in welchem Bereich gezeichnet werden
    soll. Tasten Sie sodann das gewünschte Intervall mit 500 Stütz-
    stellen ab und bestimmen so näherungsweise das Maximum und das
    Minimum im gesuchten Bereich. Lassen Sie dann das Koordinatensy-
    stem zeichnen; sorgen Sie nötigenfalls dafür, daß die Achsen in
    den Zeichenbereich fallen. Schließlich zeichnen Sie die Funktion
    mit Hilfe der zuvor ermittelten 500 Hilfspunkte.

J19 Programmieren Sie den Rechner so, daß er die momentane Uhrzeit
    analog anzeigt. Hinweis: Mit TIME$ können Sie die aktuelle Uhr-
    zeit in der Form hh:mm:ss abrufen.

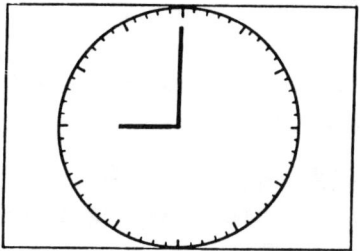

K Verschiedenes

Zum Abschluß noch einige Übungen zu folgenden bisher nicht angesprochenen Vokabeln:

GOSUB Znr : Das Programm springt in das ab Zeile Znr programmierte Unterprogramm und merkt sich dabei die Rückkehradresse in einem "Stapel".

RETURN   : Das Programm springt aus dem Unterprogramm zurück und zwar nach der letzten im Stapel gemerkten Rückkehradresse (, wobei diese dann dort gestrichen wird).

ON ..... GOSUB Znr1,Znr2,...,ZnrN :
Abhängig von dem nach ..... ermittelten Wert springt das Programm in ein Unterprogramm. Ist der ermittelte Wert 1, so wird das Unterprogramm ab Zeilennummer Znr1 angesprungen, ist er 2, so das Unterprogramm ab Znr2 usf.

ON ERROR GOTO Znr :
Tritt während der Programmausführung ein Fehler auf, so wird das Programm nicht abgebrochen sondern bei Zeile Znr fortgesetzt. Ab Znr wird man ein Fehlerbehandlungsprogramm schreiben, welches die folgenden Vokabeln verwenden darf:
ERR   gibt die Nummer des aufgetretenen Fehlers an (Ihr Handbuch wird eine Tabelle enthalten),
ERL   gibt die Zeile an, in der der Fehler aufgetreten ist.
Darüber hinaus gibt es bei vielen Rechnern folgende Möglichkeiten, das Programm nach der Fehlerbehandlung fortzusetzen:
RESUME   : Rückkehr zur Zeile, in der der Fehler auftrat,
RESUME NEXT: Fortsetzung bei der Zeile, die hinter der steht, in der der Fehler auftrat,
RESUME Znr : Fortsetzung bei Zeile Znr.

A$=INKEY$: Wird im Augenblick der Ausführung dieser Anweisung eine Taste der Tastatur betätigt, so erhält A$ das entsprechende Zeichen ,ansonsten den Leerstring; dabei kann die Taste durchaus die Return-Taste sein.
Beachten Sie: Das der Taste entsprechende Zeichen wird nicht am Bildschirm angezeigt.

LOCATE z,s : Der Cursor wird in Zeile z und Spalte s positioniert.

COLOR s,h : Damit werden die Schriftfarbe s und die Hintergrundfar-
             be h festgelegt. Bei unserem Rechner gilt z.B.:
                 COLOR 0,7 : Hintergrund weiß und Schrift schwarz,
                 COLOR 7,0 : Hintergrund schwarz und Schrift weiß.
             Letzteres ist der Normalfall.

Schließlich sei noch auf zwei Standardfunktionen hingewiesen:
CSRLIN: zeigt die Zeile an, in der der Cursor gerade steht.
TIMER: gibt die seit dem Einschalten verstrichene Uhrzeit in
            Sekundenbruchteilen an.

K 1 a) Schreiben Sie ab Zeile 500 ein Unterprogramm, das entspre-
       chend den Formeln
                 X = R*COS(PHI), Y = R*SIN(PHI)
       zu den auf R und PHI stehenden "Polarkoordinaten" die "karte-
       sischen Koordinaten" X und Y bestimmt.
    b) Schreiben Sie ein zur Lösung von a) gehöriges Testprogramm,
       welches Werte für R und PHI von der Tastatur einliest und die
       entsprechenden X,Y-Werte ausgibt.

K 2 a) Schreiben Sie die folgenden Unterprogramme:
       ab 300: eines, das ein Feld A mit Werten füllt, die über die
               Tastatur eingegeben werden; dabei ist deren Anzahl N
               zu bestimmen,
       ab 400: eines, das das Feld A_1, A_2,..., A_n ausgibt,
       ab 500: eines, das das Feld A_1, A_2,..., A_n sortiert.
    b) Schreiben Sie ein zur Lösung von a) passendes Hauptprogramm,
       das maximal 50 Zahlen einliest und diese vor und nach einem
       Sortiervorgang ausgibt.

K 3 Das folgende Menü soll auf einem leeren Bildschirm erscheinen:

        ....Bearbeitung der Datei STUDENTEN........

        Neueintrag   1
        Löschen oder Korrigieren eines Eintrags   2
        Auflisten der Datei   3

        Ihr Wunsch :

    Nach Eingabe des Wunsches ist im Falle Wunsch=1 nach 500, im
    Falle Wunsch=2 nach 700 und im Falle Wunsch=3 nach 1000 in

entsprechende Unterprogramme zu verzweigen. Bei allen anderen
Wunschzahlen ist die Eingabe zu wiederholen. Nach Rückkehr aus
den Unterprogrammen soll das Menü wieder erscheinen.

a) Schreiben Sie ein entsprechendes Menü-Programm.

b) Testen Sie Ihr Menü-Programm, indem Sie ab 500,700 und 1000
jeweils ein (Spiel-)Unterprogramm schreiben, das ausgibt wo
das Programm gerade arbeitet und dann mit "Weiter (J/N)?"
abfragt, ob fortgesetzt werden soll.

K 4 Schreiben Sie ein Programm, das das Menü der Aufgabe K 3 erscheinen läßt. Im Gegensatz zur dortigen Lösung soll nun aber
sofort beim Betätigen der Taste 1 oder 2 oder 3 das Programm
fortgesetzt werden und nicht erst nach zusätzlichem Drücken der
Return-Taste.

K 5 Schreiben Sie einige Programmzeilen, die folgendes bewirken: Die
Frage "Weiter(J/N)?" soll ausgegeben und der Cursor dahinter
festgehalten werden. Wird danach vom Benutzer irgendeine von
"n", "N", "j" oder "J" verschiedene Taste gedrückt, soll das
Programm nicht reagieren; andernfalls soll je nach Antwort abgebrochen oder fortgesetzt werden.

K 6 Schreiben Sie ein Programm, das in die Mitte eines leeren Bildschirms die Worte SSV ULM 1846 dunkel auf hellem Grund schreibt.

K 7 Ihr Programm soll einen Namen nach N$ einlesen, der maximal 18
Zeichen lang ist . Dabei soll neben der Eingabe von Groß- und
Kleinbuchstaben nur noch die Verwendung von Leerzeichen und
Bindestrichen erlaubt sein. Alle anderen Zeichen sind zu unter-
drücken.

K 8 a) Schreiben Sie ab 500 ein Unterprogramm, das (wie skizziert)
rechts oben am Bildschirm die aktuelle Uhrzeit in der Form
hh:mm:ss anzeigt!

```
Spalte    69         80
Zeile  1 XXXXXXXXXXX
       2 X           X
       3 X hh:mm:ss X
       4 X           X
       5 XXXXXXXXXXX
```

b) Testen Sie das Unterprogramm mit Hilfe eines geeigneten
Hauptprogramms!

K 9 Lassen Sie das folgende Menü auf dem Bildschirm erscheinen:
   1   10   21   51

     Name: [_____]

     Straße + Hausnr.   [_____]

     PLZ : [_____] Ort: [_____]

Danach sollen in die weißen Felder (mit schwarzer Schrift) eingegeben werden:
     Name, Straße und Hausnummer, Postleitzahl, Ortsname.
Ein ähnliches Programmstück läßt sich gut bei der Datenerfassung
verwenden.

K10 Bei vielen Kreditinstituten kann man neuerdings nach Eingabe
einer vierstelligen Geheimzahl auch außerhalb der normalen
Schalterzeiten Geld abheben. Zum Schutz vor unberechtigten Zu-
schauern sollen die eingetippten Werte nicht am Schirm angezeigt
werden. Sollte die Eingabe falsch sein, so soll ein Pfiff er-
tönen, eine Fehlermeldung ausgegeben und der Cursor wieder hinter die Frage nach der Geheimzahl gesetzt werden. Nach drei
Fehleingaben soll ein Programmstück in Zeile 1000 angesprungen
werden, das den Einzug der Karte absolviert, ansonsten soll ab
Zeile 2000 die Geldausgabe geregelt werden. Schreiben Sie ein
Programmstück für die Eingabeprozedur!

K11 Die Werte für a,b und c sind einzulesen, und das Ergebnis von
$$x = (-b+SQR(b*b-4*a*c))/(2*a)$$
ist auszugeben. Wenn dabei der Ausdruck unter der Wurzel negativ
oder a=0 ist, soll das Programm aber nicht abbrechen, sondern in
einer Fehlerbehandlungsroutine einen entsprechenden Kommentar
ausgeben.

K12 Schreiben Sie ein Programm, das feststellt, wie lange der Rechner dazu braucht, um folgende Summe auszurechnen:
    1+2+3+...+1000.

K13 Erstellen Sie ein Programmstück, das gestützt auf TIMER eine
Programmunterbrechung von zehn Sekunden Dauer ermöglicht.

K14 Schreiben Sie ein Programm, das folgenden Reaktionstest durchführt:
a) An einer zufällig ausgewählten Stelle des Bildschirms soll
ein zufällig erzeugter Großbuchstabe erscheinen. Der Benutzer

soll diesen möglichst schnell eingeben. Am Bildschirm ist die Reaktionszeit anzuzeigen.

b) Ändern Sie das Programm so ab, daß 20 derartige Tests durchgeführt werden. Auszugeben sind die mittlere Reaktionszeit sowie der größte Wert.

Damit können Sie sich klarmachen, wie stark Ihr Reaktionsvermögen durch Alkohol beeinträchtigt wird. Einschlägige Versuche von einem der beiden Verfasser (unsere Studenten dürfen raten, von welchem) haben ergeben, daß nach fünf Gläsern Bier nicht so sehr der Mittelwert, wohl aber die schlechteste Zeit zunimmt.

A Lösungen zu „Einfache Programme"

Obwohl die Lösungen zum ersten Abschnitt ganz einfach sind, geben wir mit Blickrichtung auf die Anfänger recht ausführliche Erklärungen:

```
A 1    10   INPUT "Weg:           ", S
       20   INPUT "Zeit:          ", T
       30   V=S/T
       40   PRINT "Geschwindigkeit:"; V
       50   END
```

Die großen Abstände nach Weg bzw. Zeit dienen dazu, daß das Ergebnis sauber dasteht; wir orientieren uns dabei an der Länge des Wortes Geschwindigkeit. Wer es nicht glaubt, soll die Leerzeichen einmal versuchsweise weglassen! Achten Sie auch bitte darauf, daß wir in Zeile 40 scheinbar ein Leerzeichen vergessen haben. Nun, das ist nötig! Der Rechner setzt vor positive Zahlen automatisch ein Leerzeichen.

Man kann im übrigen die Zeilen 30 bis 50 auch wie folgt zusammenfassen:

```
       30   PRINT "Geschwindigkeit:"; S/T
       40   END
```

Dagegen ist folgendes falsch:

```
       30   PRINT V=S/T
```

Bedenken Sie: Der Rechner soll S/T in V abspeichern; Sie dagegen weisen ihn an: drucke (oder: drucken Sie, falls Sie Ihren Computer siezen) V=S/T. Das wirkt sich so aus, daß er -1 hinschreibt, wenn der Speicherinhalt von V gleich S/T ist; ansonsten kommt 0.

```
A 2    10   INPUT "1.Seite:  ", A
       20   INPUT "2.Seite:  ", B
       30   PRINT "Umfang:  "; 2*A+2*B
       40   PRINT "Fläche:  "; A*B
       50   END
```

Schreiben Sie in Zeile 30 ja nicht: 2A+2B. Anders als sonst üblich müssen die "Malsterne" in BASIC schon sein.

A 3 Bei diesem Beispiel ist zu beachten, daß viele Rechner die Konstante π nicht kennen:

```
        5   PI=3.141593
       10   INPUT "Radius:    ", R
       20   PRINT "Oberfläche: "; 4*PI*R*R
       30   PRINT "Volumen:    "; 4/3*PI*R*R*R
       40   END
```

A 4 Wir wählen einmal die Zahlen in der DATA-Anweisung "Frei Schnauze".

```
10  DATA 10,20,30,8
20  READ A,B,C,D
30  SUMME = A+B+C+D
40  PRINT "Mittelwert: "; SUMME/4
50  END
```

A 5
```
10  INPUT "Kaufsumme:        ", BRUTTO
20  INPUT "Rabattsatz:       ", R
30  BRUTTO = BRUTTO*(1-R/100)
40  INPUT "Skontosatz:       ", S
50  BRUTTO = BRUTTO*(1-S/100)
60  PRINT "Rechnungsbetrag:";BRUTTO;"DM"
70  END
```

Hüten Sie sich im übrigen vor dem naheliegenden Trugschluß, daß man einfach Rabatt- und Skontosatz zusammenzählen und alles auf einen Streich abziehen könnte. Dabei kommt etwas anderes heraus! Dagegen ist es unerheblich, ob man zuerst den Rabattsatz und dann den Skontosatz in Ansatz bringt oder ob man umgekehrt vorgeht.

A 6 Das ist eine einfache Dreisatz-Aufgabe:

```
10  PREIS=1.80
20  INPUT "Menge: ", M
30  PRINT "Preis: "; M/100*PREIS; "DM"
40  END
```

A 7
```
10  INPUT "Menge:              ", M
20  INPUT "Preis:              ", P
30  PRINT "Umgerechneter Preis: "; 0.5*P/M; "DM"
40  END
```

A 8 Um diese Aufgabe erfolgreich in Angriff nehmen zu können, muß man beachten, daß eine Stunde 3600 Sekunden und eine Minute 60 Sekunden hat. Zuerst stellt man fest, um wieviel Stunden es sich handelt, dann rechnet man die Minuten aus und am Schluß bleiben automatisch die Sekunden übrig. Nützlich dabei ist der Einsatz der Funktion INT(X), die die größte ganze Zahl kleiner gleich X liefert.

```
10  INPUT "Zahl der Sekunden: ", SEK
20  STUN=INT(SEK/3600)
30  SEK=SEK-3600*STUN
40  MIN=INT(SEK/60)
50  SEK=SEK-60*MIN
```

```
60  PRINT "Das sind: ";STUN;"h";MIN;"min";SEK;"sec"
70  END
```

A 9 a) Der Rechner schreibt:

```
 6  7 -13
-13 -1 -13
```

b) Resultat:

```
31        10        12
```

Beachten Sie, daß wir die Zahl 31 ausdrücklich einem Textspei-
cher zugewiesen haben; daher entfallen die sonst üblichen flan-
kierenden Leerzeichen.

A10
```
10  INPUT "Arbeitszeit in Stunden: ", A
20  INPUT "Anfahrstrecke in km:     ", S
30  INPUT "Materialbedarf:          ", M
40  PRINT "Rechnungsbetrag:         "; A*50+S*0.80+M;"DM"
50  END
```

A11
```
20  INPUT "Zahl der Unterrichtsstd.: ", U
30  INPUT "Zahl der Hörer:           ", H
40  KOSTEN = 35*U + 2*H*U + 0.30*H*U + 40*U
50  PRINT "Preis pro Teilnehmer:     "; KOSTEN/H; "DM"
```

A12 Die eigentliche Schwierigkeit bei dieser Aufgabe ist das Abhak-
ken der 2.Nachkommastelle. Die entscheidende Idee besteht darin, den Mittelwert erst mit 10 zu multiplizieren und danach
die INT-Funktion anzuwenden. Dadurch verschwinden die hinteren
Dezimalen. Im Endeffekt muß man dann noch durch 10 teilen. Beispiel: 3.175 geht dabei der Reihe nach über in 31.75, dann in
31 und schließlich wie gewünscht in 3.1.
```
10  PRINT "Geben Sie die Noten der vier Wahlfächer ein:"
20  INPUT W1
30  INPUT W2
40  INPUT W3
50  INPUT W4
60  MITTEL = (W1+W2+W3+W4)/4
70  PRINT "Note: "; INT(MITTEL*10)/10
80  END
```

A13 Bevor wir hier die eigentliche Lösung angeben, wollen wir daran
erinnern, daß ein Kapital K am Ende eines Jahres bei p% Verzin-
sung auf K*(1+P/100) angewachsen ist:

```
10  INPUT "Kapital:    ", K
20  K=K*(1+5/100)
30  K=K*(1+7/100)
40  K=K*(1+8/100)
50  PRINT "Endkapital:"; K; "DM"
60  END
```

A14
```
10  G1=400: P1=0.15
20  G2=100: P2=0.22
30  INPUT "Verbrauch in Kilowattstd: ", V
40  Z1=G1+P1*V : Z2=G2+P2*V
60  PRINT "Tarif 1:              "; INT(Z1*100)/100; "DM"
70  PRINT "Tarif 2:              "; INT(Z2*100)/100; "DM"
80  END
```

B Lösungen zu „Bedingte und unbedingte Sprünge"

Beim Vergleich Ihrer Lösungen mit den hier angegebenen werden Sie
oft feststellen, daß eine Bedingung hier gerade "anders herum" for-
muliert wird. Vielleicht hilft Ihnen in diesem Fall die folgende
Nebeneinanderstellung von Bedingungen und deren Negationen:

```
        IF A=B   THEN ...            IF A<>B THEN ...
        IF A>B THEN ...              IF A<=B THEN ...
        IF A>B OR  C=D THEN ...      IF A<=B AND C<>D THEN ...
        IF A>B AND C=D THEN ...      IF A<=B OR  C<>D THEN ...
```

B 1   10 INPUT "Geben Sie die Zahl ein: ", Z
        20 IF INT(Z/11)=Z/11 THEN ?"Teilbar." ELSE ?"Nicht teilbar."
        30 END

Wer Rundungsfehlern vorbeugen möchte, ersetzt die Bedingung in
Zeile 20 durch:

```
        IF ABS(INT(Z/11+.0001)-Z/11)<.0002 THEN ...
```

Damit fange ich auf, daß der Computer fälschlicherweise 7.999999
statt 8 herausbekommt. Diese an sich kleine Abweichung würde
sich ja vermöge der INT-Funktion auf 1 hochschaukeln; daher die
Addition von 0.0001 im Argument von INT.

B 2   10 INPUT "Kennen Sie Asterix?   ", A$
        20 IF A$="Nein" THEN PRINT "Banause!": GOTO 50
        30 INPUT "Kennen Sie Verleihnix? ", A$
        40 IF A$="Nein" THEN PRINT "Naja!" ELSE PRINT "Experte!"
        50 END

Bitte haben Sie keine Hemmungen, daß in Zeile 30 erneut die
Antwort nach A$ kommen soll. Die Antwort auf die Asterix-Frage
ist zu diesem Zeitpunkt ja bereits vollständig ausgewertet, also
nicht mehr von Interesse (natürlich hätten Sie aber in 30 auch
B$ statt A$ schreiben können).
Nun noch kurz die Variante für Rechner, die nicht über die Option ELSE verfügen:

```
        40  IF A$="Nein" THEN PRINT "Naja!": GOTO 50
        45  PRINT "Experte!"
```

Noch ein Hinweis: Der Rechner ist furchtbar pingelig; wird
nämlich "NEIN" oder gar nur "N" eingegeben, so reagiert er, als
ob Sie "Ja" gesagt hätten.

B 3   10 INPUT "Wieviele Einheiten wurden gebraucht? ", E
        20 E=E-20
        30 IF E<0 THEN E=0

```
40  PRINT "Gebühr: "; 27+E*0.23; "DM"
50  END
```

B 4 Für diese Aufgabe stellen wir Ihnen zwei völlig verschiedene
Varianten vor:

```
10  INPUT "Zahl der Kinder:  ", K
20  IF K=0 THEN PRINT 0: GOTO 80
30  IF K=1 THEN PRINT 50: GOTO 80
40  IF K=2 THEN PRINT 170: GOTO 80
50  PRINT 170+(K-2)*200
80  END
```

Die GOTO-Anweisungen sind wichtig, um zu vermeiden, daß Zeile 50
automatisch zur Ausführung kommt.

```
10  DATA 50,120,200,200,200,200,200,200,200,200,200,200
20  KOHLE = 0
30  INPUT "Zahl der Kinder:  ", K
40  IF K=0 THEN 80
50     READ X
60     KOHLE = KOHLE + X
65     K=K-1
70  GOTO 40
80  PRINT "Kindergeld: ";KOHLE
90  END
```

Diese Lösung werden Informatiker eleganter finden als die vorhe-
rige; sie funktioniert aber nur bis zu einer Höchstkinderzahl
von 12.

B 5   ZZZZ
        C

B 6 Angelpunkt für die Entscheidung der Frage, ob ein Punkt im Innern, auf dem Rand oder außerhalb des Kreises liegt, ist die
Analyse der Kreisgleichung. Es gilt nämlich:

$$x*x+y*y \quad \begin{cases} < 1 & \text{im Innern} \\ = 1 & \text{auf dem Rande} \\ > 1 & \text{außen} \end{cases}$$

Das führt zu:

```
10  INPUT "x-Koordinate: ", X
20  INPUT "y-Koordinate: ", Y
30  PRINT "Der Punkt liegt ";
40  Z=X*X+Y*Y
50  IF Z>1 THEN PRINT "außen. "
60  IF Z= 1 THEN PRINT "auf dem Rande."
70  IF Z<1 THEN PRINT "innen."
```

B 7 Anders als bei Aufgabe B4 beschreibe ich eine vollständige
    Fallunterscheidung und vermeide dadurch die vielen GOTOs.

```
10  INPUT "Preis pro Buch:        ", P
20  INPUT "Gewünschte Stückzahl: ", S
30  IF S > 10 AND S < =30   THEN P=P*0.92
40  IF S > 30 AND S < =100 THEN P=P*0.85
50  IF S > 100 THEN P=P*0.80
60  PRINT "Preis:              "; S*P
70  END
```

Achten Sie auf die Ausgestaltung von Zeile 30: Auf keinen Fall
funktioniert eine Konstruktion der Art:

```
30  IF 10 < S<=30 THEN ...
```

B 8
```
10  INPUT "Körpergröße in cm:      ", G
20  INPUT "Sind Sie ein Mann(J/N)? ", A$
30  NORMAL = G-100
40  IF A$="N" THEN 70
50  IDEAL = NORMAL*0.90
60  GOTO 80
70  IDEAL = NORMAL*0.85
80  PRINT "Ihr Normalgewicht:"; NORMAL;"kg"
90  PRINT "Ihr Idealgewicht: "; IDEAL; "kg"
100 END
```

Vergessen Sie nicht die GOTO-Anweisung in Zeile 60! Ansonsten
frustrieren Sie die Männer mit einem zu niedrigen Idealgewicht!
Die Zeilen 40-70 kann man gegebenenfalls auch so zusammenfassen:

```
40  IF A$="N" THEN IDEAL=NORMAL*0.85 ELSE IDEAL=NORMAL*0.90
```

B 9
```
10  INPUT "Punktzahl:  ", P
20  IF P > =55 THEN PRINT "Sehr gut.": GOTO 80
30  IF P > =45 THEN PRINT "Gut.": GOTO 80
40  IF P > =35 THEN PRINT "Befriedigend.": GOTO 80
50  IF P > =25 THEN PRINT "Ausreichend.": GOTO 80
60  PRINT "Mangelhaft."
80  END
```

Denken Sie in Ruhe durch, daß beispielsweise Zeile 40 nur bei
einer Punktzahl unterhalb von 45 noch erreicht wird; der gewünschte Bereich wird also genau ausgeblendet.

B10
```
10  PRINT "Eingabe der Teilnoten:"
20  INPUT "Rechtschreibung: ", R
30  INPUT "Inhalt:       ", I
40  INPUT "Stil:         ", S
```

```
50  IF I< =4.0 THEN NOTE=(5*R+3*I+2*S)/10
60  IF I >4.0  THEN NOTE=(4*R+5*I+1*S)/10
70  PRINT "Note:            "; INT(NOTE*10)/10
80  END
```

B11 Bei diesem Beispiel ist es nützlich, darauf zu achten, daß die Fallunterscheidung innerorts/außerorts nur an einer einzigen Stelle eine Rolle spielt.

```
10  INPUT "War der Vorfall innerorts(J/N)?          ", A$
20  INPUT "Ausmaß der Geschwindigkeitsüberschreitung: ", X
30  IF X<=25 THEN PRINT "1 P": GOTO 60
40  IF X< =40 OR (X< =50 AND A$="N") THEN PRINT "3 P":GOTO 60
50  PRINT "4 P"
60  END
```

B12 Hier legen wir es darauf an, daß im Endeffekt die kleinste Zahl in A, die mittlere in B und die größte schließlich in C steht.

```
10  PRINT "Gib die 3 Zahlen ein:"
20  INPUT A,B,C
30  IF A>B THEN HILF=B: B=A: A=HILF
40  IF C< A THEN HILF=A: A=C: C=HILF
50  IF C< B THEN HILF=B: B=C: C=HILF
60  PRINT A,B,C
70  END
```

In Zeile 30 sorgen wir zunächst dafür, daß die kleinere der beiden Zahlen A und B nach A kommt; nach Zeile 40 wird endgültig der kleinste Wert in A stehen. Danach müssen wir noch die beiden größeren Werte richtig anordnen.

B13 In diesem Fall programmieren wir genauso, wie wir auch von Hand rechnen würden:

```
10  INPUT "Gewünschte Stückzahl: ", ST
20  INPUT "Seitenzahl:          ", S
40  IF ST<=50 THEN PREIS=ST*S*.07: GOTO 80
50  IF ST <=100 THEN PREIS=50*S*0.07+(ST-50)*S*0.05: GOTO 80
60  PREIS = 50*S*0.07+50*S*0.05+(ST-100)*S*0.04
80  PRINT "Preis:          "; PREIS
90  END
```

B14 Trotz der kompliziert wirkenden Formulierung hängt hier alles nur von der Schülerzahl ab:

```
10  INPUT "Schülerzahl:     ", S
20  S=INT(S/28)
30  MUSS=23-2-S
40  IF MUSS< 4 THEN MUSS=4
```

```
50  PRINT "Mindeststundenzahl:"; MUSS
60  END
```

Die etwas barocke Formulierung in Zeile 30 haben wir übrigens
nur deswegen gewählt, damit Sie die einzelnen Positionen besser
nachvollziehen können.

B15 Diese Aufgabe könnte man mit einer wahren IF-THEN-Orgie lösen;
gestatten Sie uns aber, einmal einen etwas anderen Weg zu be-
schreiten:

```
10   INPUT "Standard(J/N)? ", S$
20   INPUT "Inland(J/N)?   ", I$
30   INPUT "Gewicht in g:  ", G
40   IF S$="J" AND G<=20 AND I$="J" THEN PREIS=0.80:GOTO 120
50   IF S$="J" AND G<=20 AND I$="N" THEN PREIS=1.20:GOTO 120
60   DATA 50,1.30,1.80,100,1.90,2.30,250,2.50,4.30
70   DATA 500,3.10,8.30,1000,3.70,14.50,2000,-5,23.50
80   DATA 100000,-5,-5
90   READ X,I1$,I2$
100  IF G>X THEN 90
110  IF I$="J" THEN PREIS=VAL(I1$) ELSE PREIS=VAL(I2$)
120  IF PREIS<0 THEN ?"Unzulässig!" ELSE ? "Preis:"; PREIS
130  END
```

Offensichtlich habe ich in den DATA-Anweisungen der Zeilen 60-80
die vorgegebenen Informationen abgespeichert; sollte eine Ge-
wichtsüberschreitung vorliegen, so markiere ich das durch einen
negativen Preis. Ferner baue ich in Zeile 80 ein unsinnig hohes
Gewicht ein, um möglichst zu vermeiden, daß es zu einem Fehler-
absturz kommt. Angenommen, mein Brief wiegt 80g. Nun, dann wird
beim erstmaligen Passieren von Zeile 90 X auf 50 gesetzt; Zeile
100 befindet diesen Wert als zu klein und verzweigt nach Zeile
90 zurück. Dort wird nun das richtige Wertetripel eingelesen,
und da Zeile 100 nicht mehr sperrt, auch in Zeile 110 ausgewertet.

B16 Diese Aufgabe lösen wir nun wieder konventioneller:

```
10   INPUT "Kursgebühr:        ", GEB
20   INPUT "Kursumfang:        ", UMF
30   INPUT "Bereits besucht:   ", BES
40   INPUT "Triftiger Grund(J/N)? ", T$
50   IF BES=1 THEN P=10: GOTO 90
60   IF BES>=UMF/2 THEN ?"Keine Rückerstattung!":GOTO 120
70   P=GEB*BES/UMF
80   IF P<50 AND T$="N" THEN P=50
90   PRINT "Rückerstattung: "; GEB-P
120  END
```

Penible Leute könnten hier einige Einwendungen geltend machen:
Welche Regelung gilt zum Beispiel, wenn die gesamte Kursgebühr
unter 50 DM liegt oder aber nur drei Abende vorgesehen sind?
Nun, dann ist die vorgegebene Verfahrensweise in der Tat wider-
sprüchlich; wir haben uns hier aber an den uns bekannten Gege-
benheiten orientiert, und da treten bei Kursserien die erwähnten
Schwierigkeiten ohnehin nicht auf. Wenn Sie das obige Programm
analysieren, werden Sie im übrigen bemerken, daß eine gewisse
Prioritätenfestsetzung für Konflikte zwischen einzelnen Regelungen getroffen worden ist.

C Lösungen zu „Standardausgabe"

C 1 Hier müssen Sie bedenken, daß positive Zahlen von je einem Leerzeichen eingerahmt sind.

```
10   INPUT "Anfangskapital: ", KO
20   INPUT "Zinssatz:       ", P
30   INPUT "Laufzeit:       ", N
40   K=KO*(1+P/100)↑N
50   PRINT "Aus";KO;"DM werden bei";P;"% Zins in";N;
60   PRINT "Jahren";K;"DM."
70   END
```

Eine andere Lösung hierzu finden Sie in Abschnitt H.

C 2 Bei dieser Aufgabe ist es sinnvoll, die zu druckenden Zeichen in
passenden Variablen abzulegen:

```
10   A1$="&&&&&&&&&&&&&&&&&&&&&&&&&&&&&&&"
20   A2$="&                             &"
30   PRINT A1$
40   PRINT A2$
50   PRINT "&    Fachhochschule Ulm     &"
60   PRINT A2$
70   PRINT A1$
80   END
```

C 3 Hauptschwierigkeit hier dürfte die saubere Darstellung des Vor-
zeichens vor der Konstanten c sein:

```
10   INPUT "(X1,Y1)= ", X1,Y1
20   INPUT "(X2,Y2)= ", X2,Y2
30   M=(Y2-Y1)/(X2-X1)
40   C=Y1-M*X1
50   PRINT "Geradengleichung:  y =";M;"x";
55   IF C=0 THEN 80
60   IF C>0 THEN PRINT "+";
70   PRINT C
80   END
```

C 4
```
10   INPUT "(A1,A2,A3) = ", A1,A2,A3
20   INPUT "(B1,B2,B3) = ", B1,B2,B3
30   C1=A2*B3-A3*B2: C2=A3*B1-A1*B3: C3=A1*B2-A2*B1
40   PRINT "Kreuzprodukt:  (";C1;",";C2;",";C3;")"
50   END
```

C 5
```
 5   PRINT "Geben Sie die Namen ein. Abschluß: -9999."
10   INPUT "Name:        ", N$
20   IF N$="-9999" THEN 80
```

```
30  INPUT "Vorname:     ", V$
40  INPUT "Anschrift:    ", A$
50  INPUT "Tel.Nr.:      ", T$
60  LPRINT N$;TAB(18);V$;TAB(36);A$;TAB(70);T$
70  GOTO 10
80  END
```

Die genaue Form der Ausgabe ist natürlich Geschmackssache; vielleicht sagen Ihnen andere Abstände besser zu.

```
C 6    5  PRINT "Geben Sie die Anreden ein. Abschluß: -9999."
      10  INPUT "Anrede:     ", A$
      20  IF A$="-9999" THEN 90
      30  LPRINT A$
      40  LPRINT
      50  LPRINT "Unsere diesjährige Jahreshauptversammlung ";
      60  LPRINT "findet am"
      70  LPRINT "   Donnerstag, dem 3.April"
      80  LPRINT "im Blökenden Schaf statt. Über Ihre Teilnahme ";
      82  LPRINT "würde ich mich"
      84  LPRINT "freuen."
      86  LPRINT
      87  LPRINT "Mit freundlichen Grüßen"
      88  GOTO 10
      90  END
```

Im Ernstfall würde man noch eine Anweisung zum Seitenvorschub am Drucker ergänzen; sie lautet: LPRINT CHR$(12).

D Lösungen zu „Schleifen"

D 1 a)
```
10   SUMME = 0
20   FOR I=1 TO 99
30      SUMME = SUMME+1/(I*I)
40   NEXT I
50   PRINT SUMME
60   END
```

b) Hier bieten wir Ihnen mehrere Lösungsvarianten an: Wir beginnen mit der unserer Unterrichtserfahrung nach nächstliegenden:
```
10   SUMME=0
20   FOR I=1 TO 99 STEP 2
30      SUMME = SUMME+1/(I*I)
40   NEXT I
50   FOR I=2 TO 98 STEP 2
60      SUMME= SUMME-1/(I*I)
70   NEXT I
80   PRINT SUMME
90   END
```

Die nächste Variante führt einen gesonderten Speicher für das Vorzeichen ein:
```
10   SUMME=0
20   VORZ=1
30   FOR I=1 TO 99
40      SUMME = SUMME+VORZ/(I*I)
50      VORZ = -VORZ
60   NEXT I
70   PRINT SUMME
80   END
```

Am elegantesten ist unserer Ansicht nach folgendes Verfahren:
```
10   SUMME=1
20   FOR I=2 TO 98 STEP 2
30      SUMME = SUMME - 1/(I*I) + 1/(I+1)/(I+1)
40   NEXT I
50   PRINT SUMME
60   END
```

c) Hier übertrage ich die letzte Variante:
```
10   SUMME=0
20   FOR I=1 TO 97 STEP 3
30      SUMME = SUMME +1/(I*I) +1/(I+1)/(I+1) -1/(I+2)/(I+2)
```

```
40  NEXT I
50  PRINT SUMME
60  END
```

d)
```
10  SUMME=0
20  FOR I=1 TO 99
30      SUMME = SUMME+I*(I+1)
40  NEXT I
50  PRINT SUMME
60  END
```

Lassen Sie uns abschließend noch anmerken, daß man sehr wohl immer auf die Anweisung SUMME=0 verzichten könnte; wir halten das aber für eine sehr schlechte Angewohnheit, die sich erfahrungsgemäß bei komplexeren Programmen rächen kann. Fügen Sie sie daher notfalls unter Protest hinzu!

D 2 a) Beachten Sie, daß wir hier eine nichtganzzahlige Schrittweite haben; daher ist bei der Schleife Vorsicht angezeigt.

```
10  PRODUKT=1
20  FOR I=1 TO 8.05 STEP 0.1
30      PRODUKT=PRODUKT*I
40  NEXT I
50  PRINT PRODUKT
60  END
```

Wenn Sie dieses Programm starten, kommt übrigens in aller Regel eine Fehlermeldung. Dies liegt daran, daß der Wert dieses harmlos aussehenden Produktes so riesengroß ist, daß er vom Rechner nicht mehr bestimmt werden kann.

b)
```
10  PRODUKT=1
20  FOR I=1 TO 4.05 STEP 0.1
30      PRODUKT = PRODUKT*I ↑ (4-I)
40  NEXT I
50  PRINT PRODUKT
60  END
```

D 3 Das ist völlig unproblematisch; es kommt ja überhaupt nicht darauf an, auf welche Weise der Bildschirm vollgeschrieben wird. Das Beispiel bei der Aufgabenstellung deutet an, daß durchaus auch mitten im Wort abgebrochen werden dürfte. Die meisten Computer reagieren allerdings anders: Wenn die auszugebende Zeichenkette nicht mehr untergebracht werden kann, dann wird automatisch eine neue Zeile begonnen. Nun, das soll uns hier egal sein.

```
10   INPUT "Was soll der Rechner schreiben? ", A$
20   FOR I=1 TO 1000
30      PRINT A$;" ";
40   NEXT I
50   END
```

Wem das in Zeile 30 angehängte Leerzeichen mißfällt, der soll es eben weglassen.

D 4 Diese Aufgabe könnte man im übrigen leicht durch Logarithmieren lösen, aber was solls:

```
10   KONZ=0.50
20   ZAEHLER=0
30   IF KONZ< 0.001 THEN 70
40      KONZ=KONZ/3
50      ZAEHLER=ZAEHLER+1
60   GOTO 30
70   PRINT ZAEHLER
80   END
```

D 5 Die Lösung dieser Aufgabe ist bildschirmspezifisch. Wir bearbeiten sie für einen Bildschirm mit 22 Zeilen und 80 Zeichen pro Zeile.

a) Da das Wort HALLO 5 Zeichen umfaßt, bekommen wir es 16mal auf den Schirm:

```
10   FOR I=1 TO 16
20      PRINT TAB((I-1)*5+1);"HALLO"
30   NEXT I
40   END
```

Oder aber:

```
10   FOR I=1 TO 76 STEP 5
20      PRINT TAB(I);"HALLO"
30   NEXT I
40   END
```

b)
```
10   FOR I=76 TO 1 STEP -5
20      PRINT TAB(I);"HALLO"
30   NEXT I
40   END
```

Viele Rechner machen hier übrigens nach dem ersten HALLO eine Leerzeile. Grund: Da Position 80 beschrieben wurde, erfolgte bereits ein Wagenrücklauf.

c) Diese Teilaufgabe wirkt auf den ersten Blick harmlos, hat es aber in sich. Zunächst einmal haben wir 22 Zeilen zur Verfügung. Wir plazieren daher den Kreuzungspunkt in Zeile 11 (und ver-

zichten aus Symmetriegründen auf Zeile 22). Da der mittlere
Stern nach Spalte 40 kommt, zeigt eine kurze Rechnung, daß wir
die Sterne jeweils um 3 Einheiten vorrücken lassen und folge-
richtig in den Spalten 10 bzw. 70 beginnen müssen.

```
10   FOR I=1 TO 10
20      PRINT TAB(10+(I-1)*3);"*";TAB(70-(I-1)*3);"*"
30   NEXT I
40   PRINT TAB(40);"*"
50   FOR I=10 TO 1 STEP -1
60      PRINT TAB(10+(I-1)*3);"*";TAB(70-(I-1)*3);"*"
70   NEXT I
80   END
```

Vielleicht erscheint Ihnen die Aufspaltung in zwei Schleifen un-
nötig kompliziert. Wir kommen aber nicht darum herum. Setzen Sie
doch einmal in der oberen Schleife I auf 12. Sie erhalten dann
die Anweisung:

```
PRINT TAB(43);"*";TAB(37);"*"
```

Wie reagiert der Rechner? Nun, er malt einen Stern in Spalte 43,
und da er (bei PRINT) nur vorwärts laufen kann, muß er einen
Zeilenvorschub machen, um in Spalte 37 zu geraten. Daher - und
um zu vermeiden, daß in der Mitte zweimal eine Zeile mit einem
Stern kommt - die Aufspaltung!

D 6 a) Die meisten Rechner zeigen keine Reaktion; die Schleife wird
in Ermangelung von STEP -1 oder dergleichen überhaupt nicht
durchlaufen.

b) *****X*****

D 7 Diese Aufgabe können wir hier nur leidlich schön lösen; eine
bessere Methode werden Sie in Abschnitt H kennenlernen.

```
a) 10   LPRINT TAB(5);"X";TAB(33);"SIN(X)";TAB(61);"COS(X)"
   20   FOR X=0 TO 6.305 STEP 0.1
   30      LPRINT TAB(3);X;TAB(31);SIN(X);TAB(59);COS(X)
   40   NEXT X
   50   END
```

Wir wollen uns dabei mit Ihnen um ein Leerzeichen hin oder her
nicht streiten.

b) Die einzige Schwierigkeit hier könnte darin bestehen, das
vorgegebene Gradmaß in das Bogenmaß umzurechnen. Das ist eine
einfache Dreisatzaufgabe:

$$XGRAD/360 = XBOGEN/(2\pi)$$

```
10  LPRINT TAB(5);"X";TAB(33);"SIN(X)";TAB(61);"COS(X)"
20  FOR X=0 TO 360 STEP 10
25      BOGEN=X/360*2*3.141593
30      LPRINT TAB(3);X;TAB(31);SIN(BOGEN);TAB(59);COS(BOGEN)
40  NEXT X
50  END
```

c) Wir übernehmen das Programm von b) und ergänzen eine einzige
Zeile:

```
35      IF INT(X/90)=X/90 AND X<>0 THEN LPRINT
```

Im übrigen ist die Aufgabenstellung nicht ganz eindeutig: Vielleicht hätte man die Lücke auch gerne jeweils vor 0 Grad, 90
Grad etc. Nun, das überlassen wir gegebenenfalls Ihnen. Sollte
der Rechner die Ganzzahligkeit von X/90 nie diagnostizieren,
dann können Sie sich wie früher beschrieben behelfen:

```
35      IF ABS(INT(X/90+0.0001)-X/90)<.0002 THEN LPRINT
```

D 8
```
10  PRINT "Geben Sie die Zahlen ein. Abschluß: -9999."
12  MAX=-999999: MIN=999999
20      INPUT X
25      IF X=-9999 THEN 60
30      IF X > MAX THEN MAX=X
40      IF X < MIN THEN MIN=X
50  GOTO 20
60  PRINT "Minimum:   "; MIN
70  PRINT "Maximum:   "; MAX
80  END
```

Natürlich kann jetzt eingewandt werden, daß das Programm falsch
läuft, wenn das Maximum zufällig kleiner als -999999 sein sollte. Aber wann kommt das schon vor ... (Zudem fällt der Fehler
dann durch die Ausgabe eines so barocken Wertes wie -999999
auf.)

D 9 Hier werden Kenner vielleicht einwenden, daß man zur Lösung
Felder kennen sollte. Das trifft nicht zu, denn wir wollen ja
die Zwischenergebnisse nicht alle speichern, sondern sind nur an
den letzten Gliedern interessiert.

```
10  AALT=0: ANEU=1
20  ZAEHLER=1
30  INPUT "N = ", N
40  IF N=0 THEN PRINT "A 0 = 0": GOTO 120
50  IF N=1 THEN PRINT "A 1 = 1": GOTO 120
60      HILF = AALT+ANEU
70      AALT=ANEU
80      ANEU=HILF
```

```
90    ZAEHLER=ZAEHLER+1
100   IF ZAEHLER < N THEN 60
110   PRINT "A";N;"=";ANEU
120   END
```

Besonders interessant sind die Zeilen 60-100; sie sind ja auch quasi das Herzstück des Programms. Zunächst wird im Speicher HILF das neu berechnete Glied der Folge abgelegt. Danach kann man das Glied AALT wegwerfen. ANEU muß seine Stelle einnehmen, ist es doch jetzt zum vorletzten Glied degradiert worden. Damit aber wird der Speicher ANEU für unseren Newcomer in HILF frei. Ferner wird der ZAEHLER um 1 erhöht. Er markiert jetzt den aktuellen Index (das wird im Grunde in Zeile 20 entschieden); daher können wir aufhören, wenn ZAEHLER=N ist.

D10 Eine etwas andere Schleifenführung zeigen wir Ihnen bei dem folgenden, ähnlich gelagerten Problem:

```
10    INPUT "A =        ", A
20    INPUT "Startwert: ", XALT
30       XNEU = 0.5*(XALT+A/XALT)
40       IF ABS(XNEU-XALT) < 0.0001 THEN 70
50       XALT=XNEU
60    GOTO 30
70    PRINT "Näherungswert: "; XNEU
80    END
```

Sie sehen, daß jetzt das Abbruchkriterium nicht mehr am Schluß, sondern mitten in der Schleife steht. (Hartgesottene Informatiker bekommen dabei im übrigen das Grausen.)

D11
```
10    SUMME = 0
20    FOR I=2 TO 10000
30       SUMME = SUMME + 1/I
40       IF ABS(INT(SUMME+0.00001)-SUMME) < .00002 THEN 70
50    NEXT I
60    PRINT "Fehlanzeige!": GOTO 80
70    PRINT "Mögliche Ausnahme: "; I, SUMME
80    END
```

Ein Hinweis für Fans: Tatsächlich kann man beweisen, daß die genannte Summe nie und nimmer ganzzahlig ist; das gehört aber nicht hierher.

D12 Diese Aufgabe ist insofern sehr interessant, als man hier bei ungeschickter Programmierung sehr leicht in große numerische Schwierigkeiten geraten kann. Ungünstig ist zum Beispiel folgende Variante:

```
10  INPUT "Alpha= ", A
20  INPUT "K =     ", K
24  ZAEHLER = 1
27  NENNER = 1
30  FOR I=1 TO K
40     ZAEHLER = ZAEHLER*(A-I+1)
50     NENNER = NENNER*I
60  NEXT I
70  PRINT A;"über";K;"= "; ZAEHLER/NENNER
80  END
```

Das liegt daran, daß sowohl die Zähler als auch die Nenner recht
gewaltige Werte annehmen können; erst nachdem man gekürzt hat,
bekommt alles eine mittlere Größenordnung. Zum Beispiel produ-
ziert der IBM-PC bei A=36 und K=30 einen OVERFLOW ERROR. Das ist
auch kein Wunder, denn der Zähler ist dann bereits in der Gegend
von 10↑38 angesiedelt. Geschickter ist es daher, immer abwech-
selnd eine Multiplikation und eine Division durchzuführen:

```
10  INPUT "Alpha= ", A
20  INPUT "K =     ", K
24  PRODUKT = 1
30  FOR I=1 TO K
40     PRODUKT = PRODUKT*(A-I+1)/I
60  NEXT I
70  PRINT A;"über";K;"= "; PRODUKT
80  END
```

Auf diese Weise kann man die Aufschaukelung zu hohen Zwischener-
gebnissen vermeiden.

D13
```
10  MAXY=-999999: MINY=999999
20  FOR X=0 TO 4.005 STEP 0.01
30     Y=X*SIN(X)-X
40     IF Y > MAXY THEN MAXY=Y: MAXX=X
50     IF Y < MINY THEN MINY=Y: MINX=X
60  NEXT X
70  PRINT "Minimum: (";MINX;",";MINY;")"
80  PRINT "Maximum: (";MAXX;",";MAXY;")"
90  END
```

Der Fall, daß die Funktion mehrere absolute Extrema besitzt,
bleibt hierbei unberücksichtigt.

D14 Wir können uns von der Überlegung leiten lassen, daß es reicht,
den Fall a<=b zu betrachten. Wir bilden einfach für festes b:
   $1↑2 + b↑2$, $2↑2+b↑2$,   ... , $b↑2 +b↑2$
und sehen nach, ob der betreffende Wert ganzzahlig ist. Natürlich können wir auch früher aufhören, nämlich dann, wenn gilt:

a↑2 + b↑2 > 100↑2

Das programmiert man wie folgt:

```
10   FOR B=1 TO 100
20      FOR A=1 TO B
30         C=A*A+B*B
40         IF ABS(INT(SQR(C)+0.00001)-SQR(C)) < .00002
               THEN LPRINT A,B,SQR(C)
50         IF C > 10000 THEN 70
60      NEXT A
70   NEXT B
80   END
```

Wundern Sie sich nicht, wenn die Abarbeitung dieses Programmes sehr sehr lange dauert; das Programm sieht zwar ganz kurz aus, die Schleifen müssen aber ziemlich oft durchlaufen werden. (Übrigens kann es durchaus vernünftig sein, auf die Abfrage in Zeile 50 zu verzichten; da ein vorzeitiger Ausstieg eher selten ist, verlieren Sie durch die ständige Abfrage womöglich mehr zeit, als Sie durch die Einsparung einiger Schleifenläufe gewinnen können. Probieren Sie es aus!)

D15 Die Lösung dieser Aufgabe fußt auf der Beobachtung, daß man mit einem Teiler I zugleich auch den "Gegenteiler" N/I ermittelt hat (denn I*N/I=N). Es genügt daher, nur Teiler bis $\sqrt{N}$ zu suchen.

```
5    LPRINT "Vollkommene Zahlen:": LPRINT
10   FOR N=2 TO 10000
20      SUMME = 1
30      FOR I=2 TO SQR(N)
40         IF ABS(INT(N/I+.000001)-N/I) > .000002 THEN 60
50         SUMME = SUMME + I + INT(N/I+.000001)
60      NEXT I
70      IF SUMME<>N THEN 90
80      LPRINT N
90   NEXT N
100  END
```

Auch dieses Programm dauert sehr lange, bis es abgearbeitet ist. Wundern Sie sich im übrigen nicht über den mageren Befund: Vollkommene Zahlen sind außerordentlich selten! Achten Sie im übrigen darauf, daß wir unbedingt vermeiden mußten, daß N selbst mit zu den Teilern gezählt wird. Daher die Sonderbehandlung des Teilers 1 in den Zeilen 20 und 30!

b) Wer zusätzlich die Teiler ausgedruckt haben möchte, verfährt wohl am besten so, daß er sie im nachhinein noch einmal berechnet. Wären diese Zahlen sehr häufig, würde man wohl anders entscheiden.

```
   •
80      LPRINT N;" ";1;
82      FOR I=2 TO SQR(N)
84         IF ABS(INT(N/I+.000001)-N/I) > .000002 THEN 88
86         LPRINT I;INT(N/I+.000001);
88      NEXT I
89      LPRINT
   •
```

D16 Hier ist eine Doppelschleife angebracht: die äußere Schleife
    regelt die Zahl der Zeilen, die innere gestaltet die jeweilige
    Zeile.

```
10  FOR I=1 TO 9
20      FOR J=1 TO I
30          PRINT J;
40      NEXT J
50      PRINT
60  NEXT I
70  END
```

Vergessen Sie bitte nicht die PRINT-Anweisung in Zeile 50;
andernfalls erfolgt kein Zeilenvorschub, da das Semikolon von
Zeile 30 die Schreibmarke bindet.

D17 Das geht ganz entsprechend wie bei der vorherigen Aufgabe:

```
10  FOR I=0 TO 6
20      FOR J=1 TO 7
30          PRINT TAB(5*J);7*I+J;
40      NEXT J
50      PRINT
60  NEXT I
70  END
```

E Lösungen zu „Felder"

E 1 Weil hier als Nachfolger von Sonntag noch Montag benötigt wird,
speichern wir 8 Namen ab:

```
 5  DIM TAG$(8)
10  DATA Montag, Dienstag, Mittwoch, Donnerstag, Freitag
15  DATA Sonnabend, Sonntag, Montag
20  FOR I=1 TO 8
25     READ TAG$(I)
30  NEXT I
35  INPUT "Welcher Tag:",T$
40  FOR I=1 TO 7
45     IF T$=TAG$(I) THEN 60
50  NEXT I
55  PRINT "unkorrekter Wochentagsname!": GOTO 35
60  PRINT "Folgetag:";TAG$(I+1)
65  END
```

E 2
```
 5  DIM MONAT$(12)
10  DATA Januar, Februar, März, April Mai, Juni
20  DATA Juli, August, September, Oktober, November, Dezember
30  FOR I=1 TO 12
40     READ MONAT$(I)
50  NEXT I
60  INPUT "Nummer des Monats: ", NR
70  PRINT MONAT$(NR)
80  END
```

E 3 Bei dieser Problemstellung muß man natürlich eine grobe Vorstellung davon haben, wieviel Namen auftreten können. Wir gehen hier
von der Zahl 100 aus.

```
 10  DIM NAM$(100)
 20  I=1
 25     PRINT I;"-ter Name: ";
 30     INPUT "", NAM$(I)
 40     IF NAM$(I)="-9999" THEN 70
 50     I=I+1
 60  GOTO 25
 70  FOR J=I-1 TO 1 STEP -1
 80     LPRINT NAM$(J)
 90  NEXT J
100  END
```

Natürlich kann man die Schleife auch mit   20 FOR I=1 TO 100
formulieren und statt der Zeilen 50-60 dann 50 NEXT I schreiben.

E 4 Hier sollten Sie sich zunächst einmal klarmachen, wie die betreffende Matrix aussieht:

        3   5   7
        4   6   8
        5   7   9

Zu drucken sind jeweils nebeneinander die Elemente:

        A(1,1)   A(3,1)
        A(2,2)   A(2,2)
        A(3,3)   A(1,3)

Beachtet man noch die Wirkung des Semikolons, so ergibt sich:

        3   5
        6   6
        9   7

E 5 Bei dieser Aufgabe wird besonderer Wert auf eine ordentliche
Bedienerführung gelegt; die Dimensionierung ist wieder ganz
willkürlich.

```
10   DIM M(100)
20   PRINT "Geben Sie die Meßwerte ein. Abschluß: -9999."
30   PRINT
40   I=1: S=0
50      PRINT I;"-ter Meßwert: ";
60      INPUT "", M(I)
70      IF M(I)=-9999 THEN 110
80      S = S+M(I)
90      I=I+1
100  GOTO 50
110  MITTE = S/(I-1)
120  FOR J=1 TO I-1
130     LPRINT "Abweichung des";J;"-ten Werts: "; M(J)-MITTE
140  NEXT J
150  END
```

Achten Sie besonders darauf, daß wir bei unserer Form der Erfassung I-1 Meßwerte haben; der "Abbruch"-Wert -9999 darf nicht
mitgezählt werden.

E 6

```
10   DIM A(3,4)
20   FOR I=1 TO 3
30      PRINT I;". Zeile:"
40      FOR J=1 TO 4
50         PRINT "A(";I;",";J;"):    "
60         INPUT A(I,J)
70      NEXT J
80   NEXT I
```
        •

E 7 Hier ist es nützlich, die Zinsen vorab in einem Feld zu erfassen. Anders als bei früheren Zinseszins-Aufgaben stützen wir uns
nun auf die Formel:

$$K_{J+1} = K_J(1 + p_J/100)$$

```
10  DIM P(7)
20  FOR I=1 TO 7
30     PRINT I;"-ter Zinssatz: ", I;
40     INPUT "",P(I)
50  NEXT I
55  INPUT "Anfangskapital: ", K
60  FOR I=1 TO 7
70     K=K*(1+P(I)/100)
80     LPRINT I,K
90  NEXT I
100 END
```

E 8 a) Nachdem wir mehrfach eher luxuriöse Lösungen vorgestellt
haben, beschränke ich mich hier auf eine verhältnismäßig simple
Lösung. Die Erfassung soll einfach so geschehen, daß die Nummer
der besuchten Vorstellung eingegeben wird.

```
10  DIM A(4)
12  FOR I=1 TO 4
14     A(I)=0
16  NEXT I
18  ? "Geben Sie die Nummer des besuchten Kinos ein."
19  ? "Ende:-9999."
20     INPUT "Kino Nr.: ", I
30     IF I=-9999 THEN 50
35     A(I)=A(I)+1
40  GOTO 20
50  FOR I=1 TO 4
60     PRINT "In Kino";I;"waren";A(I);"Besucher"
70  NEXT I
80  END
```

b) Die nötige Ergänzung kann so vorgenommen werden, daß man mit
einem entsprechenden Hilfsfeld vergleicht. Wir geben nur die
einzufügenden Zeilen an.

```
2  DIM VOLL(4)
3  VOLL(1)=150: VOLL(2)=100: VOLL(3)=50: VOLL(4)=50
     •
38  IF A(I)=VOLL(I) THEN ?"Kino";I;"ist ausverkauft."
     •
```

E 9 Wir erfassen die Ergebnisse der Sportler in einem zweidimensio-
nalen Feld. Der erste Index steht für die Nummer des Sportlers,
der zweite für die betreffende Disziplin. Ferner führen wir
Zähler für die Einzeldisziplinen ein. In einer elften Spalte
notieren wir für jeden Teilnehmer die aktuelle Gesamtpunktzahl.
Ferner führe ich bei jeder Disziplin einen Speicher für den jeweils besten Sportler mit. Das bedingt:

```
10  DIM Z(32,11), MAX(11),
12  FOR I=1 TO 11
14     MAX(I)=0
16  NEXT I
20  FOR I=1 TO 10
30     PRINT "Disziplin Nr.";I;":"
40     PRINT
45     MAXI = 0
50     FOR J=1 TO 32
60        PRINT "Pkt. für Nr.";J;
70        INPUT "",Z(J,I)
80        IF MAXI< Z(J,I) THEN MAXI=Z(J,I): MAX(I)=J
90        Z(J,11)=Z(J,11)+Z(J,I)
100    NEXT J
110    PRINT
120 NEXT I
130 FOR I=1 TO 10
140    PRINT "Sieger der Disziplin";I;": Nr.";MAX(I)
150 NEXT I
160 MAXI = 0
170 FOR J=1 TO 32
180    IF MAXI< Z(J,11) THEN MAXI=Z(J,11): MAX(11)=J
190 NEXT J
200 PRINT "Gesamtsieger: Nr."; MAX(11)
210 END
```

Natürlich hätte man dem Benutzer im Ernstfall die Möglichkeit an
die Hand gegeben, im nachhinein etwaige Fehleintragungen zu kor-
rigieren.

E10 Hier führen wir für jeden Studenten einen Zähler ein, der angibt, wieviel Stimmen auf ihn entfallen. Wir gehen dabei von
einer normalen Semesterstärke von höchstens 50 Studenten aus.
Mit Blickrichtung auf ein mögliches Unentschieden bestimmen wir
zuerst das Maximum und sehen dann, wer alles diese Stimmenzahl
erobern konnte.

```
10  DIM S(50)
15  INPUT "Semesterstärke: ", N
```

```
 20  FOR I=1 TO N
 30     S(I)=0
 40  NEXT I
 50  FOR I=1 TO N
 60     PRINT "Gib die Nummer Deiner beiden Favoriten ein:"
 70     INPUT "", J,K
 80     S(J)=S(J)+1
 90     S(K)=S(K)+1
100  NEXT I
110  MAXI = 0
120  FOR I=1 TO N
130     IF S(I) > MAXI THEN MAXI=S(I)
140  NEXT I
150  PRINT "Gewählt sind:"
160  FOR I=1 TO N
170     IF S(I)=MAXI THEN PRINT "Kandidat";I
180  NEXT I
190  END
```

E11 Wir erfassen die Daten unseres Bäckers genauso, wie dies auf dem
    Papier geschehen würde: Wir legen ein zweidimensionales Feld an,
    dessen I-te Zeile den jeweiligen Tag beschreibt und dessen J-te
    Spalte Auskunft über die Filiale Nr. J gibt:

```
 10  DIM B(6,4), T$(6)
 20  DATA Mo, Di, Mi, Do, Fr, Sa
 30  FOR I=1 TO 6
 40     READ T$(I)
 50  NEXT I
 60  FOR I=1 TO 6
 70     PRINT T$(I);":"
 80     PRINT
 90     FOR J=1 TO 4
100        PRINT "Filiale";J;
110        INPUT "", B(I,J)
120     NEXT J
130  NEXT I
140  MAXT = 0: MAX=0
150  FOR I=1 TO 6
160     UMS=B(I,1)+B(I,2)+B(I,3)+B(I,4)
170     IF UMS > MAXT THEN MAXT=UMS: MAX=I
180  NEXT I
190  PRINT "Bester Tag:   "; T$(MAX)
200  MAXF = 0: MAX=0: GES=0
```

```
210  FOR J=1 TO 4
220    S=0
230    FOR I=1 TO 6
240       S=S+B(I,J)
250    NEXT I
260    IF S>MAXF THEN MAXF=S: MAX=J
265    GES = GES+S
270  NEXT J
280  PRINT "Beste Filiale:"; MAX
290  PRINT "Gesamtumsatz: "; GES
300  END
```

```
E12   10  OPTION BASE 1
      20  DIM A(3,3)
      30  FOR Z=1 TO 3
      40    PRINT "Zeile ";Z
      50    FOR SP=1 TO 3
      60      PRINT SP;"-ter Wert=";
      70      INPUT A(Z,SP)
      80    NEXT SP
      90    PRINT
     100  NEXT Z
     110  D = A(1,1)*A(2,2)*A(3,3) + A(1,2)*A(2,3)*A(3,1)
     120  D = D + A(1,3)*A(2,1)*A(3,2) - A(1,3)*A(2,2)*A(3,1)
     130  D = D - A(1,2)*A(2,1)*A(3,3) - A(1,1)*A(2,3)*A(3,2)
     140  PRINT : PRINT "Determinante =";D
     150  END
```

```
E13   10  DIM A$(100)
      20  N=1
      30    INPUT A$(N)
      40    IF A$(N)="-9999" THEN N=N-1: GOTO 70
      50    N=N+1
      60  GOTO 30
      70  FOR I=1 TO N-1
      80    FOR J=I+1 TO N
      90      IF A$(J)<A$(I) THEN H$=A$(I):A$(I)=A$(J):A$(J)=H$
     100    NEXT J
     110    PRINT A$(I)
     120  NEXT I
     130  PRINT A$(N)
     140  END
```

Bei dieser Aufgabe lassen wir Sie absichtlich einmal etwas "kau-
en". Denken Sie sich am besten den Programmablauf für ein passendes Beispiel durch; achten Sie dabei besonders auf Zeile 90!

F Lösungen zu „Textverarbeitung"

Bei den ersten vier Aufgaben dieses Paragraphen sollten Sie MID$(A$,I,1) verwenden, was genau das I-te Zeichen in A$ anspricht:

F 1
```
10  INPUT "Eingabe eines Textes: ", A$
20  FOR I=1 TO LEN(A$)
30      LPRINT MID$(A$,I,1)
40  NEXT I
50  END
```

F 2
```
10  INPUT "Eingabe eines Textes: ", A$
20  FOR I=2 TO LEN(A$) STEP 2
30     PRINT MID$(A$,I,1);
40  NEXT I
50  END
```

F 3 Hier liegt es nahe, eine ganze Kette von IF-THEN-Anweisungen zu verwenden; es geht aber auch einfacher (und diese Lösung ist verallgemeinerungsfähig!):
```
10  VOKAL$="AEIOUaeiou"
20  INPUT "Eingabe eines Textes: ", A$
30  FOR I=1 TO LEN(A$)
40     HILF$=MID$(A$,I,1)
50     IF INSTR(VOKAL$,HILF$)<>0 THEN ? HILF$; ELSE ?"*";
60  NEXT I
70  END
```
Achten Sie auf die beiden Semikolons in Zeile 50; wenn Sie eines vergessen, werden die Zeichen nicht nebeneinander geschrieben. Wenn Sie übrigens mit dem Programm ein wenig spielen, werden Sie bemerken, daß die Texte durch diese Manipulation in aller Regel nicht an Verständlichkeit verlieren. Ein einziger Vokal würde in der deutschen Sprache also durchaus reichen...

F 4
```
10  INPUT "Eingabe eines Textes: ", A$
20  HILF$=""
30  FOR I=LEN(A$) TO 1 STEP -1
40     HILF$=HILF$+MID$(A$,I,1)
50  NEXT I
60  IF HILF$=A$ THEN ?"Palindrom." ELSE ?"Kein Palindrom."
70  END
```

F 5 Hier wollen wir uns nichts daraus machen, daß wir die Mitte bei
geradzahligen Textlängen nicht ganz genau treffen können; wir
justieren den Text halt ungefähr um die Position 40 herum:

```
10  INPUT "Eingabe eines Textes:  ", A$
20  PRINT TAB(40-LEN(A$))/2);A$
30  END
```

F 6 a) 10 INPUT "Eingabe eines Textes: ", A$
```
     20  FOR I=1 TO LEN(A$)
     30     PRINT LEFT$(A$,I)
     40  NEXT I
     50  FOR I=LEN(A$)-1 TO 1 STEP -1
     60     PRINT LEFT$(A$,I)
     70  NEXT I
     80  END
```
Unverständlicherweise sind hier viele unserer Studenten immer
wieder versucht, den zweiten Teil mit RIGHT$ anzugehen; das geht
schief. Achten Sie ansonsten darauf, daß der volle Text nur einmal gedruckt wird.

b) 10 INPUT "Eingabe eines Textes: ", A$
```
   20  FOR I=1 TO LEN(A$)
   30     PRINT TAB(I);MID$(A$,I,1)
   40  NEXT I
   50  END
```

F 7 a) WASSE
```
       ASSER
       SSERB
       SERBA
       ERBAL
       RBALL
```

b) Offenbar zählt dieses Programm die Vokale; Ergebnis:
   3

c) Hier wird jedes dritte Zeichen unterdrückt:
   WASEBAL

d) Da müssen wir die ASCII-Tabelle konsultieren und erhalten:
   James Bond

F 8 Hier wollen wir wieder einmal zwei völlig verschiedene Lösungsvarianten besprechen. Die erste vergleicht zeichenweise.

```
10  INPUT "Eingabe eines Textes:            ", A$
20  INPUT "Eingabe eines Einzelbuchstabens: ", B$
30  ZAEHLER=0
40  FOR I=1 TO LEN(A$)
50     IF MID$(A$,I,1)=B$ THEN ZAEHLER=ZAEHLER+1
60  NEXT I
70  PRINT B$;" kommt";ZAEHLER;"mal vor."
80  END
```

Die zweite Variante benutzt INSTR:

```
10  INPUT "Eingabe eines Textes:            ", A$
20  INPUT "Eingabe eines Einzelbuchstabens: ", B$
30  ZAEHLER=0
40     X=INSTR(A$,B$)
50     IF INSTR(A$,B$)=0 THEN 80
60     ZAEHLER=ZAEHLER+1
70     A$=MID$(A$,X+1)
75  GOTO 40
80  PRINT B$;" kommt";ZAEHLER;"mal vor."
90  END
```

F 9 Bei dieser Aufgabe müssen wir zunächst einmal für eine Gleich-
schaltung der Groß- und Kleinbuchstaben sorgen. Das besorgt für
uns der ASCII-Code; wir müssen nur beachten, daß zugehörige
Groß- und Kleinbuchstaben im Code einen Abstand von 32 haben.
Ferner ist es zur Vermeidung von unnötigen Komplikationen angebracht, Zähler für jeden Buchstaben einzurichten. Die Zählernum-
mer soll genau der Nummer im ASCII-Code entsprechen. Das ist ein
Luxus, den wir uns gut leisten können.

```
10  DIM A$(100), Z(127)
20  PRINT "Lies einige Textzeilen ein; Abschluß durch -9999."
30  N=1
40     INPUT A$(N)
50     IF A$(N)="-9999" THEN 80
60     N=N+1
70  GOTO 40
80  N=N-1
90  FOR I=1 TO 90
100    Z(I)=0
110 NEXT I
120 FOR I=1 TO N
130    FOR J=1 TO LEN(A$(I))
140       H=ASC(MID$(A$(I),J,1))
150       IF H>96 AND H<123 THEN H=H-32
160       Z(H)=Z(H)+1
```

```
170     NEXT J
180   NEXT I
190   FOR H=65 TO 77
200     LPRINT CHR$(H);":  ";Z(H);
210     LPRINT TAB(30);CHR$(H+13);":  ";Z(H+13)
220   NEXT H
230   END
```

Beachten Sie, wie sorgfältig wir mit dem Zeilenzähler N hantiert
haben; nun, hier wäre es zwar egal, ob wir noch eine Zeile -9999
mitschleppen, aber oft wird man sich das nicht leisten können.

F10
```
10   INPUT "Geben Sie einen Text ein: "; A$
20   ZAEHLER = 0
30   FOR I=1 TO LEN(A$)-1
40     IF MID$(A$,I,1)=MID$(A$,I+1,1) THEN ZAEHLER=ZAEHLER+1
50   NEXT I
60   PRINT ZAEHLER
70   END
```

Bei dieser Variante wird in Kauf genommen, daß drei hintereinander stehende Buchstaben (wie in Sauerstoffflasche) als doppeltes
Paar gezählt werden.

F11 Hier knüpfen wir an die Überlegungen der vorletzten Aufgabe an:
```
10   INPUT "Geben Sie einen Text ein: ", A$
20   FOR I=1 TO LEN(A$)
25     H$=MID$(A$,I,1)
27     ASCII=ASC(H$)
30     IF ASCII>96 AND ASCII<123 THEN H$=CHR$(ASCII-32)
40     PRINT H$;
50   NEXT I
60   END
```

F12 Bei dieser Aufgabe können Sie besonders deutlich erkennen, wie
    hilfreich die Methoden zur Textverarbeitung auch bei numerischen
    Problemen sein können. Versuchen Sie doch, anders an die Ziffern
    heranzukommen!
```
10   INPUT "Eingabe der Zahl: ", X
20   X$=STR$(X)
25   SUMME = 0: VORZ=1
30   FOR I=LEN(X$) TO 1 STEP -1
40     SUMME = SUMME+VORZ*VAL(MID$(X$,I,1))
50     VORZ = -VORZ
60   NEXT I
70   PRINT "Alternierende Quersumme von";X;": "; SUMME
80   END
```

F13 Hier muß man nur auf das Z aufpassen:

```
10  INPUT "Geben Sie einen Buchstaben ein: ", A$
20  H=ASC(A$)
30  IF H=90 THEN H=64
40  PRINT "Nächster Buchstabe:          "; CHR$(H+1)
50  END
```

F14 Das erste, was man hierbei beachten sollte, ist, daß man wirklich nur Großbuchstaben umcodiert. Die eigentliche Verschlüsse-
lung nehmen wir dann dadurch vor, daß wir ein gesondertes Feld
B$ anlegen, welches die entsprechend umorganisierten Zeichen
beinhaltet.

```
 2  DIM B$(26)
 3  FOR I=1 TO 23
 4     B$(I)=CHR$(67+I)
 5  NEXT I
 7  B$(24)="A": B$(25)="B": B$(26)="C"
10  PRINT "Geben Sie eine großgeschriebene Zeichenkette ein:"
20  INPUT "", A$
30  FOR I=1 TO LEN(A$)
40     A=ASC(MID$(A$,I,1))
50     IF A<65 OR A>90 THEN ?MID$(A$,I,1); ELSE ?B$(A-64);
60  NEXT I
70  END
```

Selbstverständlich könnte man das Programm noch so abändern,
daß gleich mehrere Zeilen auf einmal verschlüsselt werden; darauf sei hier verzichtet.

F15 Sie sollten sich das Problem unbedingt erst an einem Beispiel
klar machen. Nehmen wir z.B. 120:7, so erhalten wir den Vorkom-
maanteil durch INT(120/7), also 17. Den verbleibenden Rest müssen wir mit 10 multiplizieren und wieder durch 7 teilen usf.,
bis 22 Zeichen erreicht sind (Vorzeichen-Blank und Dezimalpunkt
zählen ja mit).

```
 10  INPUT "Zähler =",Z
 20  INPUT "Nenner =",N
 25  PRINT : PRINT Z;"/";N;"=";
 30  VOR=INT(Z/N) : E$=STR$(VOR)+"."
 40  REST=Z-VOR*N
 50     IF REST=0 THEN 110
 60     Z=10*REST
 70     VOR=INT(Z/N)
 80     ZIF$=RIGHT$(STR$(VOR),1) : REM *** Blank weg ***
 90     E$=E$+ZIF$
100  IF LEN(E$)< 22 THEN 40
```

```
110  PRINT E$
120  END
```

F16 Die entscheidende Idee, um hier zum Zuge zu kommen, besteht
darin, daß man einfach alle Morsezeichen in ein Feld schreibt.
Sie können daraus erneut ersehen, wie nützlich die Verwendung
von DATA sein kann:

```
 10  DATA ".-", "-...", "-.-.", "-..", ".", "..-.", "--."
 20  DATA "....", "..", ".---", "-.-", ".-..", "--", "-."
 30  DATA "---", ".--.", "--.-", ".-.", "...", "-"
 40  DATA "..-", "...-", ".--", "-..-", "-.--", "--.."
 50  DATA ".-.-", "---.", "..--"
 60  OPTION BASE 1
 70  DIM CODE$(29)
 80  FOR I= 1 TO 29
 90    READ CODE$(I)
100  NEXT I
110  CLS : PRINT "Gib den Text ein; Abschluß: YYYY" : PRINT
120    INPUT T$
130    IF T$="YYYY" THEN END
140    FOR I=1 TO LEN(T$)
150      B$=MID$(T$,I,1)
160      NR=ASC(B$)
170      IF  NR>96  AND  NR<126  THEN  NR=NR-32
180      IF  NR<65  OR   NR>93   THEN  210
190      BU=NR-64
200      PRINT CODE$(BU)+" ";
210    NEXT I
215    PRINT: INPUT "Nochmal(J/N)? ", A$
220  IF A$="J" THEN 110
230  END
```

Wir müssen beachten, daß die Umlaute im ASCII-Code direkt hinter
dem Alphabet angeordnet sind. Im vorausgehenden Programm wurde
   in Zeile 150 ein einzelnes Zeichen des Textes ausgeblendet,
   in Zeile 170 jeder Kleinbuchstabe zum Großbuchstaben gemacht,
   in Zeile 180 alles, was kein Großbuchstabe ist, unterdrückt,
   in Zeile 190 dem A die 1, dem B die 2 usw. zugeordnet.

b) Um die vor und nach einem Morsecode-Zeichen stehenden Blanks
zu finden, können wir die Funktion INSTR verwenden, die uns die
Positionen P1 und P2 liefert. Am Ende des eingelesenen Morse-
codes wird kein Blank mehr gefunden, und P2 ist Null.
Wir übernehmen das obige Programm zum Einlesen des Codes bis
Zeile 100:

```
   •
110  CLS : PRINT "Gib den Morsecode ein (am Ende YYYY):"PRINT
120    INPUT C$
130    IF C$="YYYY" THEN END
140    P1=0
150    P2=INSTR(C$," ",P1+1)
160      IF P2=0 THEN L=LEN(C$)-P1 ELSE L=P2-P1
170      ZEI$=MID$(C$,P1+1,L)
180      REM *** jetzt wird der zugehörige Buchstabe gesucht
190      FOR I=1 TO 29
200        IF CODE$(I)=ZEI$ THEN 220
210      NEXT I
220      BU$=CHR$(I+64)
230      PRINT BU$;" ";
240    IF P2<>0 THEN P1=P2 : GOTO 150
250  GOTO 110
```

F17 Auch hier ist der Kern des Programms das Ausblenden eines
    einzelnen Zeichens und seine Umwandlung in einen Zahlenwert.
    a)
```
    10  INPUT "Kontonummer=",NR$
    20  SUM=0
    30  FOR I=1 TO 6
    40    ZIF$=MID$(NR$,I,1)
    50    WERT=VAL(ZIF$)
    60    SUM=SUM+I*WERT
    70  NEXT I
    80  NEU$=NR$+RIGHT$(STR$(SUM),2)
    90  PRINT "Neue Kontonummer:";NEU$
    100 END
```

    b) •
```
    80   ENDZIF$=RIGHT$(STR$(SUM),2)
    90   IF ENDZIF$=RIGHT$(NR$,2) AND LEN(NR$)=8 THEN 110
    100  PRINT "Falsche Kontonummer!" : GOTO 10
    110  PRINT "Korrekt!"
    120  END
```

F18 Entsprechend den 5 Wochentagen soll unser Programm eine Schleife
    5mal durchlaufen. Dabei ist es naheliegend, Felder auch für die
    Anfangs- und Endzeiten zu verwenden:
```
    10  DIM TAG$(5),Z$(2),ZEIT(2)
    20  DATA Montag,Dienstag,Mittwoch,Donnerstag,Freitag
    30  FOR I=1 TO 5
    40    READ TAG$(I)
    50  NEXT I
```

```
 60   CLS : INPUT "Name (am Ende YYYY)=",NAM$
 70     IF NAM$="YYYY" THEN END
 80     SUM=0
 90     FOR I=1 TO 5
100       PRINT : PRINT TAG$(I) : PRINT
110       INPUT "Beginn=",Z$(1)
120       INPUT "Ende  =",Z$(2)
130       FOR K=1 TO 2
140         P=INSTR(Z$(K),".")
145         IF P=0 THEN ZEIT(K)=VAL(Z$(K))*60: GOTO 180
150         STDN=VAL(LEFT$(Z$(K),P-1))
160         MIN=VAL(MID$(Z$(K),P+1))
170         ZEIT(K)=STDN*60+MIN
180       NEXT K
190       AKTTAG=ZEIT(2)-ZEIT(1)
200       SUM=SUM+AKTTAG
210     NEXT I
215     STDN=INT(SUM/60) : MIN=SUM-STDN*60
220     LPRINT NAM$;TAB(25);STDN;"h";MIN;"Min";
225     LPRINT TAB(50);"Abweichung:";SUM-38.5*60;"Min"
230   GOTO 60
```

F19 Wieder muß jeder einzelne Buchstabe ausgeblendet und verglichen
    werden:
    a)
```
10  A$="PRINZIPIENREITER"
20  INPUT "Ihr Buchstabe:",BU$
30  IF "a"< =BU$ AND BU$<="z" THEN BU$=CHR$(ASC(BU$)-32)
40  FOR I=1 TO LEN(A$)
50    IF MID$(A$,I,1)=BU$ THEN  ? BU$;  ELSE  ? "-";
60  NEXT I
70  END
```

    b) Jetzt müssen die bisher gefundenen richtigen Buchstaben
    gemerkt werden.
```
 10  A$ =    "PRINZIPIENREITER"
 20  BISHER$="----------------"
 30  CLS : PRINT BISHER$ : PRINT
 40    INPUT "Ihr Buchstabe:",BU$
 50    IF "a"< =BU$  AND BU$<="z" THEN BU$=CHR$(ASC(BU$)-32)
 60    C$=""
 70    FOR I=1 TO LEN(A$)
 80      IF MID$(A$,I,1)=BU$ THEN   C$=C$+BU$ : GOTO 100
 90      C$=C$+MID$(BISHER$,I,1)
100    NEXT I
110    IF C$=A$ THEN PRINT "Gefunden!" : GOTO 130
```

```
115    BISHER$=C$
120  GOTO 30
130  END
```

F20 Hier empfiehlt es sich, die Nummern beider Tage im Jahr zu bestimmen (z.B. für den 3.Februar die 34). Die Differenz der
Tagesnummern gibt dann an, um wieviel Tage die Bücher verspätet
abgegeben wurden. Liegt zwischen Fälligkeitsdatum und Rückgabe-
datum der Jahreswechsel, so addiert man auf die zweite Tagesnum-
mer 365.

```
 10  DIM DAT$(2),TAGNR(2),MON(2),TAG(2),MONLAENG(12)
 20  DATA  31,28,31,30,31,30,31,31,30,31,30,31
 30  FOR M=1 TO 12
 40    READ MONLAENG(M)
 50  NEXT M
 60  CLS : INPUT "Fälligkeitsdatum (ohne Jahr):",DAT$(1)
 70  INPUT "Rückgabedatum (ohne Jahr):",DAT$(2)
 80  FOR I=1 TO 2
 90    P=INSTR(DAT$(I),".")
100    MON$=MID$(DAT$(I),P+1)
110    MON(I)=VAL(MON$)
120    TAG$=LEFT$(DAT$(I),P-1)
130    TAG(I)=VAL(TAG$)
140    TAGNR(I)=TAG(I)
150    IF MON(I)=1 THEN 190
160    FOR M=1 TO MON(I)-1
170      TAGNR(I)=TAGNR(I)+MONLAENG(M)
180    NEXT M
190  NEXT I
200  IF TAGNR(1) >TAGNR(2) THEN TAGNR(2)=TAGNR(2)+365
210  DIFF=TAGNR(2)-TAGNR(1)
220  PRINT "Die Verspätung kostet DM";DIFF*0.20
230  END
```

F21 Wir benutzen die üblichen Namen für die Felder des Schachspiels,
also A1,A2,...,H8.
a) Steht ein Turm z.B. auf dem Feld D3, so kann er die gesamte
3.Reihe und alle Felder der Spalte D erreichen.

```
 10  INPUT "Turmposition=",P$
 20  SP$=LEFT$(P$,1)
 30  REI$=RIGHT$(P$,1)
 35  PRINT : PRINT "Erreichbare Felder:" : PRINT
 40  FOR I=1 TO 8
 50    PRINT SP$+RIGHT$(STR$(I),1);" ";
 60  NEXT I
```

```
 70  FOR B=65 TO 72
 80    PRINT CHR$(B)+REI$;" ";
 90  NEXT B
100  END
```

In Zeile 50 wurde verhindert, daß ein Vorzeichen-Blank die Ziffer vom vorausgehenden Buchstaben trennt.

b) Hier werden die Felder längs der Diagonalrichtung beherrscht. Spalten und Reihen müssen deshalb gemeinsam um 1 verändert werden. Außerdem ist darauf zu achten, daß der Läufer nicht das Brett verläßt. Der Läufer kann maximal 7 Felder vom aktuellen Ort aus in die Ferne schreiten, was bei der Schleifenformulierung berücksichtigt wird.

```
 10  INPUT "Läuferposition=",P$
 20  SP$=LEFT$(P$,1) : SP=ASC(SP$)
 30  REI$=RIGHT$(P$,1) : REI=VAL(REI$)
 40  PRINT : PRINT "Erreichbare Felder:" : PRINT
 50  FOR I=-7 TO 7
 60    IF I=0 THEN 120
 70    SPALTE$= CHR$(SP+I)
 80    IF SPALTE$< "A"  OR  SPALTE$ > "H"  THEN 120
 90    REIHE=REI+I
100    IF REIHE< 1  OR  REIHE > 8  THEN 120
110    PRINT SPALTE$+RIGHT$(STR$(REIHE),1);" ";
120  NEXT I
130  FOR I=-7 TO 7
140    IF I=0 THEN 200
150    SPALTE$=CHR$(SP+I)
160    IF SPALTE$< "A"  OR  SPALTE$ > "H"  THEN 200
170    REIHE=REI-I
180    IF REIHE< 1  OR  REIHE > 8  THEN 200
190    PRINT SPALTE$+RIGHT$(STR$(REIHE),1);" ";
200  NEXT I
210  END
```

G Lösungen zu „Verwendung des Zufallsgenerators"

G 1 a)
```
10  RANDOMIZE TIMER
20  FOR I=1 TO 20
30    PRINT INT(41*RND+10)
40  NEXT I
50  END
```
Lassen Sie sich nicht dazu verleiten, die 41 in Zeile 30 durch eine 40 zu ersetzen! Sie können schließlich immer die Probe machen und die beiden Randwerte 0 und 1 für RND einsetzen; dabei ist freilich zu beachten, daß die 1 nie angenommen wird.

b)
```
10  RANDOMIZE TIMER
20  FOR I=1 TO 20
30    PRINT 40*RND+10
40  NEXT I
50  END
```
Anders als vorher dürfen wir jetzt nur 40 schreiben. Der abrundende Einfluß der INT-Funktion fällt jetzt ja weg.

G 2
```
10  RANDOMIZE TIMER
20  PRINT INT(111+889*RND)
30  END
```

G 3
```
10  RANDOMIZE TIMER
20  SUMME=0: Z=0
30    SUMME=SUMME+RND
40    Z=Z+1
50  IF SUMME < 100 THEN 30
60  PRINT Z
70  END
```
Da die Zufallszahlen gleichverteilt im Bereich von 0 bis 1 sind, haben Sie im Schnitt den Wert 0.5. Daher ist mit circa 200 Zufallszahlen zu rechnen.

G 4
```
10  RANDOMIZE TIMER
20  SUMME = 0
30  MAX=0: MIN=1
40  FOR I=1 TO 100
50    X=RND
60    SUMME = SUMME+X
70    IF X > MAX THEN MAX=X
80    IF X < MIN THEN MIN=X
90  NEXT I
```

```
100  PRINT "Mittelwert: "; SUMME/100
110  PRINT "Maximum:    "; MAX
120  PRINT "Minimum:    "; MIN
130  END
```

Bitte beachten Sie, daß es unbedingt erforderlich ist, die jeweilige Zufallszahl abzuspeichern. Würden Sie statt X überall RND schreiben, so würde bei jedem Aufruf eine neue Zufallszahl gezogen, und das Bild wäre nachhaltig verfälscht!

G 5 Wir hoffen, daß diese Aufgabe realitätsfern ist:

```
 5  DIM NAM$(5)
10  DATA Christine, Claudia, Martina, Nicole, Sonja
12  FOR I=1 TO 5
14     READ NAM$(I)
16  NEXT I
20  RANDOMIZE TIMER
30  PRINT "Sie heißt: "; NAM$(INT(5*RND+1))
40  END
```

Sie sehen wieder, wie vorteilhaft der Einsatz von Feldern ist.

G 6 Wir könnten zwar genauso vorgehen wie bei der letzten Aufgabe, bevorzugen diesmal aber einen anderen Weg.

```
10  RANDOMIZE TIMER
20  FOR I=1 TO 100
30     IF RND < 0.5 THEN LPRINT "KOPF" ELSE LPRINT "ZAHL"
40  NEXT I
50  END
```

G 7
```
 10  RANDOMIZE TIMER
 20  Z=1
 30  ZAHL=INT(1001*RND)
 40     INPUT "Sie raten: ", X
 50     IF ZAHL=X THEN 100
 60     IF ZAHL > X THEN ?"Zu klein." ELSE ?"Zu groß."
 70     Z=Z+1
 80  GOTO 40
100  PRINT "Sie haben";Z;"Versuche gebraucht."
110  END
```

Die beste Strategie besteht im übrigen darin, erst nach 500 zu fragen, dann je nach Antwort nach 250 bzw. 750 usw. Man kann sich klarmachen, daß auf diese Weise höchstens 10 Suchschritte erforderlich sind. Diese Taktik nennt man binäres Suchen.

```
G 8    10  RANDOMIZE TIMER
       20  Z=0
       30  FOR I=1 TO 1000
       40     S=0
       50        S=S+INT(6*RND+1)
       60        IF S=21 THEN Z=Z+1
       70     IF S<21 THEN 50
       80  NEXT I
       90  PRINT "Man ist in";Z/10;"% aller Fälle auf 21 geraten."
      100  END
```

Hier müßte übrigens 28.4% herauskommen. Das gilt auch für alle
anderen Zahlen, die hinreichend weit weg vom Startpunkt liegen.
Mit Hilfe des Rechners kommt man hier wesentlich bequemer zum
Zuge als durch mathematische Überlegungen.

G 9 a) Bei dieser Aufgabe müssen Sie unbedingt für jedes Bauteil
eine eigene Zufallszahl ziehen, denn die Ausfälle sollen ja nach
Voraussetzung voneinander unabhängig sein.

```
       10  RANDOMIZE TIMER
       20  CRASH=0
       30  FOR I=1 TO 1000
       40     KO=0
       50     FOR J=1 TO 3
       60        IF RND>0.95 THEN KO=KO+1
       70     NEXT J
       80     IF KO=3 THEN CRASH=CRASH+1
       90  NEXT I
      100  PRINT "Es gibt in";CRASH/10;"% aller Fälle einen Crash."
      110  END
```

b) Hier komme ich im Grunde mit einer ganz geringfügigen Ände-
rung aus:

```
            .
       80      IF KO>0 THEN CRASH=CRASH+1
            .
```

Hier wäre das System übrigens, anders als im Fall a), sehr oft
kaputt.

G10 Bei dieser Aufgabe ist die Angabe der Quote für die Niederlage
im Grunde überflüssig, da man sie aus den beiden übrigen Werten
leicht berechnen kann.

```
       10  RANDOMIZE TIMER
       20  INPUT "Geben Sie die Quote in der Form #-#-# ein: "; Q$
       30  S=VAL(LEFT$(Q$,1))/10: U=S+VAL(MID$(Q$,3,1))/10
       40  X=RND
```

```
50  IF X < S THEN PRINT "Heimsieg.": GOTO 80
60  IF X < U THEN PRINT "Unentschieden.": GOTO 80
70  PRINT "Auswärtssieg."
80  END
```

```
G11   10  RANDOMIZE TIMER
      15  DIM SILB$(12)
      20  DATA al,ben,so,lin,en,ka,um,san,do,el,bei,ro
      30  FOR I=1 TO 12
      40     READ SILB$(I)
      50  NEXT I
      60  FOR I=1 TO 10
      70     FOR J=1 TO 3
      80        PRINT SILB$(INT(12*RND+1));
      90     NEXT J
     100     LPRINT
     110  NEXT I
     120  END
```

G12 a) Hierbei ist zu beachten, daß die Großbuchstaben im ASCII-Code auf den Plätzen 65 bis 90 stehen.

```
      10  RANDOMIZE TIMER
      15  PRINT "Neues Passwort:"
      20  FOR I=1 TO 6
      30     PRINT CHR$(INT(65+26*RND));
      40  NEXT I
      50  END
```

b) Jetzt wird die Sache dadurch komplizierter, daß die Ziffern im ASCII-Code auf den Positionen 48 bis 57 stehen. Die dazwischen liegenden Plätze sind nicht besetzt. Diesem Problem kann man auf verschiedene Weise beikommen.

```
      10  RANDOMIZE TIMER
      15  PRINT "Neues Passwort:"
      20  FOR I=1 TO 6
      25     X=INT(48+43*RND)
      27     IF X > 57 AND X < 65 THEN 25
      30     PRINT CHR$(X);
      40  NEXT I
      50  END
```

```
G13 a) 10  RANDOMIZE TIMER
       20     X=INT(1+10*RND)
       30     Y=INT(1+20*RND)
       40     PRINT X;"*";Y;"= ";
```

```
      50     INPUT "", Z
      55     IF Z=-9999 THEN 80
      60     IF Z<>X*Y THEN PRINT "Falsch! ";: GOTO 50
      70  GOTO 20
      80  END


 b) 10  RANDOMIZE TIMER
      20     X=INT(100000*RND)/1000
      30     Y=INT(100000*RND)/1000
      40     PRINT X;"+";Y;"= ";
      50     INPUT "", Z
      55     IF Z=-9999 THEN 80
      60     IF Z<>X+Y THEN PRINT "Falsch! "; GOTO 50
      70  GOTO 20
      80  END
```

G14 Bei diesem Spiel müssen Sie darauf achten, daß Sie wirklich eine
    zutreffende Simulation des Würfelns mit zwei Würfeln vornehmen.
    Auf keinen Fall dürfen Sie von INT(12*RND+1) ausgehen, denn da-
    durch machen Sie ja alle Wurfergebnisse gleichwahrscheinlich!

```
      10  RANDOMIZE TIMER
      20  KOHLE=0
      30  FOR I=1 TO 1000
      40     X=INT(6*RND+1)+INT(6*RND+1)
      50     IF X=10 THEN 100
      60     IF X=11 THEN KOHLE=KOHLE+5
      70     IF X=12 THEN KOHLE=KOHLE+20
      80     KOHLE=KOHLE-1
     100  NEXT I
     110  PRINT "Bilanz:   "; KOHLE; "DM."
     120  END
```

G15 a) 5 RANDOMIZE TIMER
```
      10  DATA a, b, c, d, e
      20  DIM ALT$(5)
      30  FOR I=1 TO 5
      40     READ ALT$(I)
      50  NEXT I
      60  PRINT "Die richtigen Antworten sind:"
      70  PRINT
      80  FOR I=1 TO 30
      90     LPRINT I, ALT$(INT(5*RND+1))
     100  NEXT I
     110  END
```

b) Wenn wir diese Aufgabe bearbeiten wollen, wird es nötig sein,
die richtigen Antworten in einem Feld zu speichern oder aber den
Ratevorgang unmittelbar nach Ermittlung der richtigen Lösungen
anzusetzen. Wir bevorzugen hier die erste Variante. Folgende
Ergänzungen sind nötig:

```
       •
 21    DIM R(30)
       •
 90    X=INT(5*RND+1): R(I)=X
 92    LPRINT I, ALT$(X)
       •
105    MAXI=0: RICHTIGE=0
110    FOR I=1 TO 100
115       Z=0
120       FOR K=1 TO 30
125          IF INT(5*RND+1)=R(K) THEN Z=Z+1
130       NEXT K
135       RICHTIGE=RICHTIGE+Z: IF Z>MAXI THEN MAXI=Z
140    NEXT I
150    PRINT "Im Mittel";RICHTIGE/100;" Maximal";MAXI;"Richtige"
160    END
```

G16 Hier kommt es hauptsächlich darauf an, geeignete Zähler einzu-
führen. Der Zähler G(I) gibt an, wie oft I-mal hintereinander
eine gerade Zahl gekommen ist; entsprechendes gilt für U(I). V$
beinhaltet die Information über den letzten Wert, T$ notiert das
laufende Ergebnis.

```
 10  RANDOMIZE TIMER
 15  DIM G(20), U(20)
 20  FOR I=1 TO 20 :  G(I)=0:U(I)=0 : NEXT I
 25  V$="": Z=0
 30  FOR I=1 TO 1000
 40     X=INT(37*RND)
 45     IF X=0 THEN T$="0": GOTO 70
 50     IF INT(X/2)=X/2 THEN T$="G" ELSE T$="U"
 60     IF T$=V$ THEN Z=Z+1: GOTO 100
 70     IF V$="G" THEN G(Z)=G(Z)+1
 75     IF V$="U" THEN U(Z)=U(Z)+1
 80     Z=0 : V$=T$
100  NEXT I
105  PRINT "Gerade", "Ungerade"
110  FOR I=1 TO 20
120     PRINT I,G(I),U(I)
130  NEXT I
140  END
```

```
G17   10  RANDOMIZE TIMER
      12  INNEN=0
      20  FOR I=1 TO 1000
      30      X=-1+2*RND: Y=-1+2*RND
      40      IF X*X+Y*Y < 1 THEN INNEN=INNEN+1
      80  NEXT I
      90  PRINT "Näherungswert: "; 4*INNEN/1000
     120  END
```

G18 Die Lösungsidee für diese Aufgabe besteht darin, daß wir die
seitherigen Geburtstage in einem Feld abspeichern und sofort
aufhören, wenn ein und derselbe Tag zum zweitenmal kommt.

```
      10  RANDOMIZE TIMER
      20  DIM B(365)
      25  Z=0
      30  INPUT "Zahl der Personen: ", N
      35  FOR V=1 TO 100
      37      B(1)=INT(1+365*RND)
      40      FOR I=1 TO N
      50          X=INT(1+365*RND)
      55          REM *** Vergleich, ob der Geburtstag schon da ist *
      60          FOR J=1 TO I-1
      70              IF B(J)=X THEN Z=Z+1: GOTO 130
      80          NEXT J
      90          B(I)=X
     100      NEXT I
     130  NEXT V
     140  PRINT "In";Z;"% aller Fälle gab es Geburtstagspärchen."
     150  END
```

Wenn Sie mit diesem Programm spielen, werden Sie bemerken, daß
die Chance, daß zwei Leute am selben Tag Geburtstag haben, sehr
schnell mit der Zahl der Personen ansteigt. Wir haben so schon
manchen Kasten Bier durch Wetten in dieser Sache gewonnen.

G19 Im folgenden Programm entspricht jede neue Zufallszahl einer
Geburt. Ist der Wert unter 0.52 - was in 52% der Fälle eintreten
wird, so wird ein Knabe geboren.

```
      10  RANDOMIZE TIMER
      20  ZAE4=0 : ZAE3=0
      30  FOR I=1 TO 1000
      40    BUBEN=0
      50    FOR N=1 TO 4
      60      IF RND < 0.52 THEN  BUBEN = BUBEN + 1
      70    NEXT N
```

```
 80    IF BUBEN=3 THEN ZAE3 = ZAE3 + 1
 90    IF BUBEN=4 THEN ZAE4 = ZAE4 + 1
100   NEXT I
110   PRINT : PRINT "4 Buben in ";ZAE4/10;"% aller Fälle."
120   PRINT "3 Buben in ";ZAE3/10;"% aller Fälle."
130   END
```

G20 Von Donnerstag bis Sonntag sind drei Tageswechsel, was im fol-
    genden Programm in Zeile 50 berücksichtigt wird.

```
 10   RANDOMIZE TIMER
 20   GUTZAE=0
 30   FOR I=1 TO 1000
 40     W$="GUT"
 50     FOR TAG=1 TO 3
 60       IF W$="GUT" AND RND < 0.25 THEN W$="MIES" : GOTO 80
 70       IF W$="MIES" AND RND < 0.40 THEN W$="GUT"
 80     NEXT TAG
 90     IF W$="GUT" THEN GUTZAE = GUTZAE + 1
100   NEXT I
110   PRINT "Am Sonntag ist mit ";GUTZAE/10;"% gutes Wetter."
120   END
```

G21 a) Wir müssen verhindern, daß bei einer Ziehung eine Zahl dop-
    pelt gezogen wird. Daher müssen wir die bereits gezogenen Zahlen
    in einem Feld ZIEH merken und gegebenenfalls einen neu ermittel-
    ten Kandidaten wieder verwerfen.

```
 10   RANDOMIZE TIMER
 20   DIM ZIEH(6),ZAE(49)
 30   FOR I=1 TO 49 : ZAE(I)=0 : NEXT I
 40   FOR K=1 TO 1000
 50     ZIEH(1)=INT(49*RND)+1
 60     FOR I=2 TO 6
 70       KANDIDAT=INT(49*RND)+1
 80       FOR L=1 TO I-1
 90         IF KANDIDAT=ZIEH(L) THEN 70
100       NEXT L
110       ZIEH(I)=KANDIDAT
120     NEXT I
130     FOR I=1 TO 6
140       ZAE(ZIEH(I))=ZAE(ZIEH(I)) + 1
150     NEXT I
160   NEXT K
```

```
170  FOR I=1 TO 12
180    PRINT I;ZAE(I),I+12;ZAE(I+12),I+24;ZAE(I+24),
190    PRINT I+36;ZAE(I+36)
200  NEXT I
210  PRINT ,,,49;ZAE(49)
220  END
```
Die Gestaltung des Druckbildes ist wohl Geschmacksache.

b) Wir können weite Teile der Lösung a) übernehmen. Im Feld MERK merken wir uns die Nummer K der letzten Ziehung eines jeden Treffers.

```
10  RANDOMIZE TIMER
20  DIM ZIEH(6),ZAE(49),MERK(49)
30  FOR I=1 TO 49 : ZIEH(I)=0 : MERK(I)=0 : NEXT I
40  FOR K=1 TO 1000
..    ...
130    FOR I=1 TO 6
140      ZAE(ZIEH(I))=ZAE(ZIEH(I)) + 1
145      MERK(ZIEH(I))=K
150    NEXT I
160  NEXT K
170  FOR I=1 TO 49
180    LPRINT I;":";ZAE(I);"mal - letztmals vor ";
190    LPRINT 1000-MERK(I);"Ziehungen."
200  NEXT I
210  END
```
Weil die vielen Daten schwer am Bildschirm darzustellen sind, haben wir hier die Ausgabe auf dem Drucker gewählt.

G22 Die getippten Zahlen wollen wir ins Feld TIP eingeben. Eine Ziehung, wie sie in der vorigen Lösung programmiert wurde, ver- wirklichen wir als Unterprogramm. Diesmal wird die Zusatzzahl nach ZIEH(7) gespeichert und bei der Anzahl der Richtigen mit berücksichtigt (5 Richtige + Zusatzzahl wird als 7 Richtige markiert.).

```
10  RANDOMIZE TIMER
20  DIM TIP(6),ZIEH(7),ZAE(7)
30  PRINT "Geben Sie Ihren Tip ein!"
40  FOR I=1 TO 6
50    INPUT TIP(I)
60  NEXT I
70  FOR I=1 TO 7: ZAE(I)=0  : NEXT I
80  FOR K=1 TO 1000
90    GOSUB 300 : REM *** Ziehung durchführen ***
100    REM *** TIP wird mit ZIEH verglichen ******
```

```
110    RICHTIGE=0
120    FOR J=1 TO 6
130      FOR L=1 TO 6
140        IF TIP(J)=ZIEH(L) THEN RICHTIGE=RICHTIGE + 1
150      NEXT L
160    NEXT J
170    IF RICHTIGE<>5  THEN 210
180    FOR J=1 TO 6
190      IF TIP(J)=ZIEH(7) THEN RICHTIGE=7
200    NEXT J
210    ZAE(RICHTIGE)=ZAE(RICHTIGE) + 1
220  NEXT K
230  FOR I=1 TO 5
240    PRINT I;"Richtige     :";ZAE(I)
250  NEXT I
260  PRINT 5;"mit Zusatzzahl:";ZAE(7)
270  PRINT 6;"Richtige     :";ZAE(6)
280  END
300  REM ***  Unterprogramm für eine Ziehung ***
310  ZIEH(1)=INT(49*RND)+1
320  FOR I=2 TO 7
330    KANDIDAT=INT(49*RND)+1
340    FOR L=1 TO I-1
350      IF KANDIDAT=ZIEH(L) THEN 330
360    NEXT L
370    ZIEH(I)=KANDIDAT
380  NEXT I
390  RETURN
```

G23 Sicher werden bei den verschiedenen Simulationsversuchen unterschiedlich viele männliche Nachkommen nach zehn Generationen
existieren. Wir wollen den Erwartungswert bei 1000 Simulationen
angeben. Dieser ist z.B. 0.6, wenn 400mal kein Nachkomme und
600mal 1 Nachkomme in der 10. Generation existiert.

```
 10  RANDOMIZE TIMER
 20  GESAMTZAE=0
 30  FOR I=1 TO 1000
 40    MANNZAE=1
 50    REM *** für jedes i werden 10 Generationen  untersucht
 60    FOR G=1 TO 10
 70      BUBZAE=0
 80      FOR J=1 TO MANNZAE
 90        ZUF=RND
100        IF ZUF < 0.482 THEN 150
110        IF ZUF < 0.765 THEN BUBZAE=BUBZAE+1 : GOTO 150
```

```
120       IF ZUF < 0.930 THEN BUBZAE=BUBZAE+2 : GOTO 150
130       IF ZUF < 0.998 THEN BUBZAE=BUBZAE+3 : GOTO 150
140       BUBZAE=BUBZAE+4
150     NEXT J
155     IF BUBZAE=0 THEN 190 : REM *** ausgestorben ***
160     MANNZAE=BUBZAE:REM *** aus Buben werden Männer ***
170   NEXT G
180   GESAMTZAE=GESAMTZAE+MANNZAE
190 NEXT I
200 ? "Der Erwartungswert für die Anzahl der  männlichen";
210 ? " Nachkommen ist:";GESAMTZAE/1000
220 END
```

H Lösungen zu „Die formatierte Ausgabe"

H 1 Bei dieser Aufgabe müssen Sie zunächst die Größenordnung der Beträge kennen, deren Wachstum Sie berechnen wollen. Wir entscheiden uns hier für ein vierstelliges Grundkapital.

```
10  INPUT "Zinssatz: ", P
20  INPUT "Laufzeit: ", N
30  INPUT "Kapital: ", KO
40  K=KO*(1+P/100)↑N
50  PRINT USING "Aus ####.## DM werden bei #.#% "; KO,P;
60  PRINT USING "Zinsen in ## Jahren #####.## DM."; N,K
70  END
```

H 2 a) Bei dieser Aufgabe ist es bequem, alle Formate mit Ausnahme des ersten gleich zu wählen. Wir orientieren uns daher an der größten zu erwartenden Zahl.

```
10  LPRINT " cm       inch       foot       yard"
15  LPRINT
20  FOR I=1 TO 100
22     INCH=I/2.54: FOOT=I/30.48: YARD=I/91.44
30     LPRINT USING "###     #.#####   "; I,INCH;
40     LPRINT USING "#.#####    #.#####";FOOT, YARD
50  NEXT I
60  END
```

Achten Sie darauf, die Leerzeichen für die Überschrift sorgfältig auszuzählen! Sie können sich das dadurch erleichtern, daß Sie den Programmtext folgendermaßen eingeben:

```
10  LPRINT           " cm      inch       foot       yard"
30     LPRINT USING "###    ####.##   "; I,INCH;
```

Sie können dann direkt Maß nehmen (und danach die überschüssigen Leerzeichen vor bzw. hinter LPRINT entfernen).

b) Wir geben nur die zu ergänzende Zeile an:

```
        •
45         IF ABS(INT(I/10+0.0001)-I/10)<0.0002 THEN LPRINT
        •
```

H 3
```
10  INPUT "Dollarkurs: ", KURS
15  LPRINT " Mark       Dollar       Dollar       Mark"
20  FOR I=10 TO 1000 STEP 10
30     LPRINT USING "####.##      ####.##    "; I,I/KURS;
40     LPRINT USING "####.##      ####.##"; I,I*KURS
50  NEXT I
60  END
```

H 4 Bei dieser Aufgabe wird alles auf die monatlichen Werte umge-
rechnet:

```
10   INPUT "Kreditsumme:        ", K
20   INPUT "Laufzeit in Jahren: ", N
30   INPUT "Zinssatz:           ", P
40   P=P/12/100
50   N=N*12
60   RATE=K*(1+P)^N*P/((1+P)^N-1)
65   LPRINT " Nr        Rate        Zinsen        Tilgung";
67   LPRINT " Restschuld"
69   LPRINT: LPRINT
70   FOR I=1 TO N
72      ZINS=K*P
74      TILG=RATE-ZINS
76      K=K-TILG
80      LPRINT USING "###     ######.##";I,RATE;
85      LPRINT USING "    ######.##"; ZINS;
90      LPRINT USING "    ######.##    ######.##"; TILG, K
100  NEXT I
110  END
```

H 5 a)
```
10   DEF FNG(X)=X-1/3*X*X*X
15   LPRINT            " X        TAN(X)        G(X)        Diff."
20   FOR X=-1 TO 1.05 STEP 0.1
30      LPRINT USING "##.#   ##.####   ##.####   ##.####";
        X, TAN(X), FNG(X), TAN(X)-FNG(X)
40   NEXT X
50   END
```

b) .
```
12   MAXDIFF = 0

•
35      HILF=ABS(TAN(X)-FNG(X))
37      IF HILF > MAXDIFF THEN MAXDIFF=HILF

•
45   PRINT "Maximale Abweichung: "; MAXDIFF

•
```

H 6 Bei dieser Lösung machen wir etwas mehr als das, was nach Aufgabenstellung unbedingt erforderlich wäre.

```
10   LPRINT CHR$(12)
20   CLS
22   INPUT "Name:             ", N$
30   INPUT "Fahrstunden:      ", F
40   INPUT "Sonderfahrstunden:", S
```

```
 50   INPUT "Wiederholung(J/N):  ", W$
 60   LPRINT: LPRINT: LPRINT
 70   LPRINT TAB(10);"Rechnung für Herrn/Frau "; N$
 80   LPRINT: LPRINT
 85   LPRINT "Theoretischer Unterricht:";TAB(52);" 220.00 DM"
 90   LPRINT "Fahrstunden:"; TAB(52);
100   LPRINT USING "####.## DM"; F*35
110   LPRINT "Sonderfahrstunden:";TAB(52);
120   LPRINT USING "####.## DM"; S*60
130   LPRINT "Vorstellung zur Prüfung:";TAB(52);"  60.00 DM"
140   LPRINT "Prüfungsgebühr:";TAB(52);"  50.00 DM"
142   W=0
144   IF W$="N" THEN 150
146   LPRINT "Gebühr für Wiederholung:"; TAB(52);"  80.00 DM"
148   W=80
150   FOR I=1 TO 61
160      STRICH$=STRICH$+"_"
170   NEXT I
180   LPRINT STRICH$
190   NETTO = 220 + F*35 + S*60 + 60 + 50 + W
200   LPRINT TAB(52);
210   LPRINT USING "####.## DM"; NETTO
220   LPRINT "MWSt.";TAB(52);
230   LPRINT USING "####.## DM"; NETTO*0.14
240   LPRINT STRICH$
250   LPRINT "Zu zahlen sind:"; TAB(52);
260   LPRINT USING "####.## DM";NETTO*1.14
270   END
```

Wollen wir hoffen, daß die Rechnung bei jedem Fahrschüler vierstellig bleibt! Im übrigen hätte man in der Praxis wahrscheinlich alle Preise in DATA-Anweisungen gespeichert, um bei den
sicher nicht gerade seltenen Anpassungen möglichst wenig Aufwand
treiben zu müssen.

H 7 Diese Aufgabe wird dann besonders bequem, wenn man sich einer
Doppelschleife bedient.

```
10   FOR ZEILE=1 TO 20
20      FOR SPALTE=1 TO 10
30         LPRINT USING "###  "; ZEILE*SPALTE;
40      NEXT SPALTE
50      LPRINT
60   NEXT ZEILE
70   END
```

Vergessen Sie nicht die LPRINT-Anweisung in Zeile 50; andernfalls bindet das Semikolon in Zeile 30 die Schreibmarke.

H 8 Hier ist das einzige Problem die Berechnung einer geschickten
Formel für die Berechnung eines einzelnen Elementes; im Zwei-
felsfall hilft Probieren.

```
10  FOR ZEILE=1 TO 7
20    FOR SPALTE = 1 TO 7
30      LPRINT USING "##   "; (ZEILE-1)*7+SPALTE;
40    NEXT SPALTE
50    LPRINT
60  NEXT ZEILE
70  END
```

H 9 Dieses Programm ist ziemlich trickreich, dennoch unterbleiben
ausnahmsweise nähere Erläuterungen.

```
  5  DIM M(12), M$(12)
 10  DATA 31,28,31,30,31,30,31,31,30,31,30,31
 20  FOR I=1 TO 12
 30    READ M(I)
 40  NEXT I
 50  DATA Januar, Februar, März, April, Mai, Juni
 60  DATA Juli, August, September, Oktober, November, Dezember
 70  FOR I=1 TO 12
 80    READ M$(I)
 90  NEXT I
100  WT$="Mo   Di   Mi   Do   Fr   Sa   So"
110  INPUT "Wochentag am 1.Januar(Mo,...,So): ", X$
120  INPUT "Schaltjahr(J/N): ", S$
125  X=INSTR(WT$,X$)
130  IF S$="J" THEN M(2)=29
140  FOR MONAT=1 TO 12
150    LPRINT M$(MONAT)
160    LPRINT: LPRINT
170    LPRINT WT$
180    LPRINT TAB(X);
190    FOR J=1 TO M(MONAT)
200      LPRINT USING "##   ";J;
210      X=X+5
220      IF X=36 THEN LPRINT: X=1
230    NEXT J
240    LPRINT: LPRINT
250  NEXT MONAT
260  END
```

I Lösungen zu „Dateien"

I 1 a) Wir unterstellen hierbei, daß die Note als Zahl abgespeichert
wurde.

```
10   OPEN "WAHLFACH" FOR INPUT AS #1
14   LPRINT TAB(20);"Studenten der Fachrichtung P"
15   LPRINT
20   IF EOF(1)=-1 THEN 70
30      INPUT #1, NAM$, VOR$, SEM$, NOTE
40      IF LEFT$(SEM$,1)<>"P" THEN 20
50      LPRINT NAM$;TAB(20);VOR$;TAB(40);NOTE
60   GOTO 20
70   CLOSE #1
80   END
```

b) Wir geben nur die geänderten Zeilen an:

```
     •
14   LPRINT TAB(20); "Durchgefallen im Fachbereich P:"
     •
40      IF LEFT$(SEM$,1)<>"P" OR NOTE<4.1 THEN 20
     •
```

c) Hier muß festgestellt werden, in welchem Semester der Betreffende
ist; wir brauchen also VAL(MID$(SEM$,2)).

```
10   OPEN "WAHLFACH" FOR INPUT AS #1
20   OPEN "TUTOR" FOR OUTPUT AS #2
30   IF EOF(1)=-1 THEN 80
40      INPUT #1, NAM$, VOR$, SEM$, NOTE
50      IF NOTE>1.5 OR VAL(MID$(SEM$,2))>7 THEN 30
60      WRITE #2, NAM$, VOR$, SEM$, NOTE
70   GOTO 30
80   CLOSE #1: CLOSE #2
90   END
```

Wenn die Datei TUTOR bereits existiert, dann sollten Sie sie mit
APPEND eröffnen, um neue Namen hinzufügen zu können.

I 2 Da die Dateien WAHLFACH und TUTOR von vorne nach hinten durch-
kämmt werden, brauchen wir die Satznummern bei PUT und GET nicht
zu nennen.

```
a) 10   OPEN "WAHLFACH" AS #1  LEN=34
   20   FIELD #1, 15 AS NAM$, 12 AS VOR$, 4 AS SEM$, 3 AS NOTE$
   24   LPRINT TAB(20);"Studenten der Fachrichtung P"
   25   LPRINT
```

```
30  IF EOF(1)=-1 THEN 80
40     GET #1
50     IF LEFT$(SEM$,1)<>"P" THEN 30
60     LPRINT NAM$;" ";VOR$;" ";SEM$;" ";NOTE$
70  GOTO 30
80  CLOSE #1
90  END
```

b) Die Überschrift muß geändert und die Abfragen müssen erweitert werden.

```
       •
24  LPRINT TAB(20);"Durchgefallen im Fachbereich P:"
       •
50     IF LEFT$(SEM$,1)<>"P" OR VAL(NOTE$)<4.1 THEN 30
   ,
```

```
c) 10  OPEN "WAHLFACH" AS #1 LEN=34
   20  FIELD #1, 15 AS NAM$, 12 AS VOR$, 4 AS SEM$, 3 AS NOTE$
   30  OPEN "TUTOR" AS #2 LEN=34
   40  FIELD #2, 15 AS N$, 12 AS V$, 4 AS S$, 3 AS N1$
   50  IF EOF(1)=-1 THEN 110
   60     GET #1
   70     IF VAL(NOTE$)>1.5 OR VAL(MID$(SEM$,2))>7 THEN 50
   80     LSET N$=NAM$:LSET V$=VOR$:LSET S$=SEM$:LSET N1$=NOTE$
   90     PUT #2
  100  GOTO 50
  110  CLOSE #1: CLOSE #2
  120  END
```

```
I 3 a) 10  OPEN "LAGER" AS #1 LEN=27
       20  FIELD #1, 20 AS BEZ$, 7 AS PREIS$
       30  CLS
       40     INPUT "Artikel-Bezeichnung: ", B$
       50     INPUT "Preis:              ", P$
       60       INPUT "Artikel-Nummer:      ", NR
       70       GET #1, NR
       80       IF LEFT$(BEZ$,3) = "###" THEN 100
       90       PRINT "Schon vergeben!": PRINT: GOTO 60
      100     LSET  BEZ$=B$: RSET PREIS$=P$
      110     PUT #1, NR
      120     INPUT "Noch ein Artikel(J/N)? ", A$
      130  IF A$<>"N" THEN 30
      140  CLOSE #1
      150  END
```

b) Wie so oft notieren wir nur, was sich ändert:

```
    •
   40      INPUT "Nummer des zu löschenden Artikels: ",NR
   50        GET #1, NR
   60        IF LEFT$(BEZ$,3)< >"###" THEN 80
   70        PRINT "Satz ist leer." : GOTO 40
   80      LSET BEZ$="###": RSET PREIS$=""
   90      PUT #1, NR
    •
```

Die Zeilen 100 und 110 entfallen.

```
c) 10   OPEN "LAGER" AS #1 LEN=27
   20   FIELD #1, 20 AS BEZ$, 7 AS PREIS$
   25   LPRINT CHR$(12)
   30   LPRINT TAB(60); "7900 Ulm, den 11.4.86"
   40   FOR I=1 TO 8
   42      LPRINT
   44   NEXT I
   50   LPRINT TAB(30);"R E C H N U N G"
   60   LPRINT: LPRINT: LPRINT
   70   LPRINT "Anzahl"; TAB(10); "Artikel-Bezeichnung";
   75   LPRINT TAB(40);"Preis"
   80   LPRINT
   85   CLS
   88   SUMME=0
   90      INPUT "Anzahl:          ", ANZ
   95      IF ANZ=-9999 THEN 190
  110      INPUT "Artikelnummer: ", NR
  120      GET #1, NR
  130      ARTPREIS=ANZ*VAL(PREIS$)
  140      SUMME=SUMME+ARTPREIS
  150      LPRINT ANZ;TAB(10);BEZ$;TAB(38);PREIS$;" DM";TAB(55);
  160      LPRINT USING "####.## DM"; ARTPREIS
  170   GOTO 90
  190   CLOSE #1
  200   FOR I=1 TO 64
  210      LPRINT "_";
  220   NEXT I
  230   LPRINT TAB(54); : LPRINT USING "#####.## DM";SUMME
  240   END
```

d) Anders als bisher wird es jetzt nötig sein, einen Zähler mit-
laufen zu lassen, damit die Artikelnummer mit ausgedruckt werden
kann.

```
10   OPEN "LAGER" AS #1 LEN=27
20   FIELD #1, 20 AS BEZ$, 7 AS PREIS$
30   NR=1
40   IF EOF(1)=-1 THEN 100
50      GET #1
60      IF LEFT$(BEZ$,3)="###" THEN 80
70      LPRINT NR; TAB(5); BEZ$; TAB(30); PREIS$
80      NR=NR+1
90   GOTO 40
100  CLOSE #1
110  END
```

Beachten Sie, daß der Rücksprung in Zeile 60 nicht nach Zeile 40 gerichtet sein darf, weil sonst die Übereinstimmung zwischen NR und der Satznummer nicht mehr gewährleistet ist.

I 4 Wichtig ist hier nur, daß Sie die Datei mit APPEND öffnen:

```
a) 10   OPEN "CLUB" FOR APPEND AS #1
   20   CLS
   30   INPUT "Name:          ", N$
   40   INPUT "Vorname:       ", V$
   50   INPUT "Straße:        ", S$
   60   INPUT "Ort:           ", O$
   70   INPUT "Geburtsjahr:   ", GJ$
   80   INPUT "Beitrittsjahr: ", BJ$
   90   WRITE #1, N$,V$,S$,O$,GJ$,BJ$
   100  CLOSE #1
   110  END
```

b) Das Streichen geschieht auf folgende Weise: Satz für Satz wird so lange in eine neue Datei KOPIE geschrieben, bis der Name des zu Streichenden kommt. Dessen Daten werden dann einfach übergangen, und es wird weiter kopiert. Zum Schluß muß die Kopie wieder CLUB genannt werden.

```
10   OPEN "CLUB" FOR INPUT AS #1
20   OPEN "KOPIE" FOR OUTPUT AS #2
30   CLS
35   INPUT "Wer ist zu streichen? ", NAM$
40   IF EOF(1)=-1 THEN 140
50      INPUT #1, N$,V$,S$,O$,GJ$,BJ$
60      IF N$<>NAM$ THEN 120
70      PRINT "Name:          ";N$
80      PRINT "Vorname:       ";V$
90      PRINT "Geburtsjahr:   ";GJ$
100     INPUT "Zu löschen(J/N)? ", A$
110     IF A$="J" THEN 40
```

```
120     WRITE #2,N$,V$,S$,O$,GJ$,BJ$
130     GOTO 40
140     CLOSE #1: CLOSE #2
150     KILL "CLUB"
160     NAME "KOPIE" AS "CLUB"
170     END
```

Sie sollten sich angewöhnen, vor jeder Streichung einer Eintragung rückzufragen, ob man wirklich die richtige Person bearbeitet; bei so häufigen Namen wie Müller oder Maier wird sonst nämlich oft der Falsche gestrichen!

c) Hier nehmen wir konkret an, das laufende Jahr sei 1986; von Interesse ist somit das Beitrittsjahr 1961.

```
10     OPEN "CLUB" FOR INPUT AS #1
20     LPRINT "25jähriges Jubiläum"
30     IF EOF(1)=-1 THEN 70
35       INPUT #1, N$,V$,S$,O$,GJ$,BJ$
40       IF BJ$ <>"1961" THEN 30
50       LPRINT V$;" ";N$: LPRINT S$: LPRINT O$ : LPRINT
60     GOTO 30
70     CLOSE #1
80     END
```

Natürlich haben wir dabei unterstellt, daß das Beitrittsjahr vierstellig erfaßt worden ist. Wer sicher gehen will, modifiziert Zeile 40 wie folgt:

```
40     IF RIGHT$(BJ$,2)< >"61" THEN 30
```

I 5 Will man für viele Mitglieder schnell die Eintragungen abfragen, so empfiehlt es sich, die Datei CLUB in ein Feld einzulesen. Da sie nach Namen geordnet ist, suchen wir einen Mitgliedsnamen zunächst bei der mittleren Eintragung. Ist der Name dort alphabetisch kleiner, so suchen wir bei der Mitte der zweiten Hälfte weiter; ist er größer, so wird in der Mitte der vorderen Hälfte gesucht. Diese "binäre Suchen" ist Ihnen schon aus der Aufgabe G7 bekannt.

```
10     DIM T$(60,6)
20     OPEN "CLUB" FOR INPUT AS #1
30     I=1
40     IF EOF(1)=-1 THEN 80
50       INPUT #1,T$(I,1),T$(I,2),T$(I,3),T$(I,4),T$(I,5),T$(I,6)
60       I=I+1
70     NEXT I
80     CLOSE #1
90     ANZ = I-1
```

```
 95  CLS
100  INPUT "Name (am Ende -9999):",N$
110    IF N$="-9999" THEN END
120    VORN=1 : HINTEN=ANZ
130    MITTE = INT((VORN+HINTEN)/2)
140      IF N$ = T$(MITTE,1) THEN 190
150      IF N$ < T$(MITTE,1) THEN HINTEN=MITTE ELSE VORN=MITTE
160      IF VORN < HINTEN THEN 130
170    IF T$(VORN,1)=N$ THEN 130
180    PRINT CHR$(7);"Nicht vorhanden!" : PRINT : GOTO 100
190    FOR I=1 TO 6
200      PRINT T$(MITTE,I);" ";
210    NEXT I
220 PRINT : PRINT : GOTO 100
```

I 6 a) Es ist wohl am vorteilhaftesten, wenn die Tabelle zur Bearbeitung in den Arbeitsspeicher gelesen wird. Zur Ein- und Ausgabe verwenden wir Unterprogramme.

```
 10  DIM T$(18,18)
 20  GOSUB 300: REM Tabelle der Datei LIGA lesen
 30    CLS
 40    INPUT "Nr. des Heim-Vereins:  ", NR1
 50    IF NR1=-9999 THEN 110
 60    INPUT "Nr. des Gast-Vereins:  ", NR2
 70    IF T$(NR1,NR2)<> "" THEN PRINT CHR$(7);: GOTO 30
 80    INPUT "Ergebnis:              ", T$(NR1,NR2)
100  GOTO 30
110  GOSUB 400: REM Ausgabe der Tabelle in der Datei LIGA
120  GOTO 500
300  REM ******* Einlesen der Tabelle *******
310  OPEN "LIGA" FOR INPUT AS #1
320  FOR I=1 TO 18
330    FOR K=1 TO 18
340      INPUT #1, T$(I,K)
350    NEXT K
360  NEXT I
370  CLOSE #1
380  RETURN
400  REM ******* Ausgabe der Tabelle *******
410  OPEN "LIGA" FOR OUTPUT AS #1
420  FOR I=1 TO 18
430    FOR K=1 TO 18
440      WRITE #1, T$(I,K)
450    NEXT K
```

```
460    NEXT I
470    CLOSE #1
480    RETURN
500    END
```

b) Wenn wir die Unterprogramme von vorher verwenden, so bleibt als einziges Problem die Zerlegung eines Ergebnisses in die Teile vor und nach dem Doppelpunkt.

```
10   DIM T$(18,18), TORE(18), GTORE(18), PUNKTE(18), GPKTE(18)
20   GOSUB 300: REM Tabelle nach T$ einlesen
30   FOR I=1 TO 18
40      FOR K=1 TO 18
50         IF T$(I,K)="" THEN 210
60         P=INSTR(T$(I,K),":")
70         T1=VAL(LEFT$(T$(I,K),P-1))
80         T2=VAL(MID$(T$(I,K),P+1))
90         TORE(I)=TORE(I)+T1
100        GTORE(I)=GTORE(I)+T2
110        TORE(K)=TORE(K)+T2
120        GTORE(K)=GTORE(K)+T1
130        IF T1 > T2 THEN P=2
140        IF T1= T2 THEN P=1
150        IF T1< T2 THEN P=0
160        GEGP=2-P
170        PUNKTE(I)=PUNKTE(I)+P
180        GPKTE(I)=GPKTE(I)+GEGP
190        PUNKTE(K)=PUNKTE(K)+GEGP
200        GPKTE(K)=GPKTE(K)+P
210     NEXT K
220   NEXT I
230   REM ******* Drucken der Tabelle *******
240   A$=" ##      ###:###   ###:###"
250   PRINT "Mannschaft    Tore      Punkte"
260   FOR I=1 TO 18
270      PRINT USING A$;I,TORE(I),GTORE(I),PUNKTE(I),GPKTE(I)
280   NEXT I
290   GOTO 500
       .
```

I 7 Wir nehmen an, daß auch das schlimmste Vergehen in Flensburg mit weniger als 10 Punkten geahndet wird.

```
a) 10   OPEN "VERKEHR" AS #1 LEN=41
   20   FIELD #1, 40 AS BEZ$, 1 AS P$
   30   CLS
```

```
40      INPUT "Tatkennziffer (Abschluß: -9999): ", T$
45      IF T$="-9999" THEN 130
50      BUCHST$=LEFT$(T$,1)
60      NR=VAL(MID$(T$,2))
70      SATZ=(ASC(BUCHST$)-65)*25+NR
80      PRINT
82      INPUT "Bezeichnung:                    ", B$
90      INPUT "Punkte:                         ", PKT$
100     LSET BEZ$=B$: RSET P$=PKT$
110     PUT #1, SATZ
120   GOTO 30
130   CLOSE #1 : END
```

Hier lag das Hauptproblem in der Bestimmung der richtigen Satz-nummer.

```
b) 10   OPEN "VERKEHR" AS #1 LEN=41
   20   FIELD #1, 40 AS BEZ$, 1 AS P$
   30   CLS
   35   INPUT "Tag:    ", TAG$
   40   INPUT "Zeit:   ", ZEIT$
   50   CLS : PRINT "Nächster Bösewicht": PRINT
   60   LPRINT CHR$(12);TAB(60);"Ulm,den 30.4.86":LPRINT:LPRINT
   70   LPRINT "Sehr geehrter Verkehrsteilnehmer!" : LPRINT
   80   LPRINT "Sie haben sich folgender Verstöße schuldig ";
   90   LPRINT "gemacht:" : LPRINT
  100   INPUT "Tatkennziffer (am Ende -9999):",KZ$
  110    IF KZ$="-9999" THEN 180
  120    BUCHST$=LEFT$(KZ$,1)
  130    NR=VAL(MID$(KZ$,2))
  140    SATZ=25*(ASC(BUCHST$)-65)+NR
  150    GET #1, SATZ
  160    LPRINT TAB(5);BEZ$
  170   GOTO 100
  180   LPRINT:LPRINT "Bitte finden Sie sich am ";TAG$;
  190   LPRINT " um ";ZEIT$;" im Polizeirevier 3 ein!"
  200   LPRINT : LPRINT : LPRINT "Hochachtungvoll"
  210   INPUT "Noch einer (J/N):",A$
  220   IF A$="J" THEN 50
  230   CLOSE #1
  240   END
```

I 8 Wir gehen davon aus, daß alle Noten der Studenten bekannt sind.
    (In der Praxis werden die Noten jedoch fächerweise von den Do-
    zenten eingegeben, die dann nur ihre eigenen Noten kennen.)

```
a) 10   OPEN "N2" FOR OUTPUT AS #1
   20   CLS
   30     INPUT "Name (Abbruch bei -9999):",NAM$
   40     IF NAM$="-9999" THEN 130
   50     PRINT "GebenSie bitte die Noten ein!" : PRINT
   60     INPUT "Mathematik                  :",N1
   70     INPUT "Grundlagen der Elektrotechnik:",N2
   80     INPUT "Physik                      :",N3
   90     INPUT "Datenverarbeitung           :",N4
   100    INPUT "Programmieren               :",N5
   110    WRITE #1, NAM$,N1,N2,N3,N4,N5
   120  GOTO 20
   130  CLOSE #1
   140  END
```

b) Hier lohnt es sich, die wenigen Noten und Namen in eine Tabelle zu laden. Im Speicher UNTER zählen wir, wieviel Noten eines Studenten unter 4.0 liegen.

```
   10   DATA Mathematik, "Grundlagen der Elektrotechnik", Physik
   20   DATA Datenverarbeitung, Programmieren
   30   DIM NAM$(50),N(50,5)
   40   OPEN "N2" FOR INPUT AS #1 : I=1
   50   IF EOF(1)=-1 THEN 90
   60     INPUT #1, NAM$(I),N(I,1),N(I,2),N(I,3),N(I,4),N(I,5)
   70     I=I+1
   80   GOTO 50
   90   ANZ=I-1
   100  FOR K=1 TO 5
   110    READ FACH$
   120    LPRINT "Allein durchgefallen im Fach ";FACH$; : LPRINT
   130    FOR I=1 TO ANZ
   140      UNTER=0
   150      FOR F=1 TO 5
   160        IF N(I,F) > 4 THEN  UNTER=UNTER+1
   170      NEXT F
   180      IF UNTER=1 AND N(I,K) > 4 THEN LPRINT NAM$(I)
   190    NEXT I
   200    LPRINT CHR$(12)
   210  NEXT K
   220  CLOSE #1
   230  END
```

c) Wir können den gesamten Anfang von b) übernehmen:

```
100  LPRINT "In mehr als einem Fach durchgefallen:" : LPRINT
110  FOR I=1 TO ANZ
120    UNTER=0
130    FOR F=1 TO 5
140      IF N(I,F) > 4 THEN UNTER=UNTER+1
150    NEXT F
160    IF UNTER < 2 THEN 240
170    LPRINT NAM$(I);
180    RESTORE
190    FOR F=1 TO 5
200      READ FACH$
210      IF N(I,F) > 4 THEN LPRINT TAB(25);FACH$
220    NEXT F
230    LPRINT
240  NEXT I
250  CLOSE#1
260  END
```

J Lösungen zu „Graphiken"

J 1 Wir wollen das Programm so gestalten, daß der Benutzer die Größe
des zu zeichnenden X selbst festlegen kann:

```
  5 CLS
 10 INPUT "Balkenlänge des X :",T
 15 DIM X(100),Y(100)
 20 INPUT "Wieviel Punkte    :",N
 25 PRINT "Gib die Punkte ein:"
 30 PRINT
 35 FOR I=1 TO N
 40    INPUT X(I),Y(I)
 45 NEXT I
 50 CLS
 55 WINDOW (-10,-7)-(10,7)
 60 LINE (-10,0)-(10,0)
 65 LINE (0,-7)-(0,7)
 70 T = T/2
 75 FOR I=1 TO N
 80    LINE (X(I)-T,Y(I)+T) - (X(I)+T,Y(I)-T)
 85    LINE (X(I)-T,Y(I)-T) - (X(I)+T,Y(I)+T)
 90 NEXT I
100 END
```

J 2 Hier muß man darauf achten, daß nur Punkte mit ganzzahligen
Koordinaten gezeichnet werden, was man z.B. erreicht, indem man
die Anfangswerte der Laufschleifen ganzzahlig wählt:

```
  5 INPUT "x-Grenze:",A
 10 INPUT "y-Grenze:",B
 15 WINDOW (-A,-B)-(A,B)
 20 CLS
 25 LINE (-A,0)-(A,0)
 30 LINE (0,-B)-(0,B)
 35 IF INT(A)=A THEN XL=-A ELSE XL=INT(-A)+1
 40 IF INT(B)=B THEN YU=-B ELSE YU=INT(-B)+1
 45 FOR X=XL TO A
 50    FOR Y=YU TO B
 55       PSET (X,Y)
 60    NEXT Y
 65 NEXT X
 70 END
```

J 3 Das folgende Programm nutzt aus, daß Linien außerhalb des Zeichenbereiches nicht zu sehen sind:

```
10  CLS
20  WINDOW (-10,-7)-(10,7)
30  FOR I=-21 TO 7 STEP 2
40      LINE (-10,I)-(10,I+14)
50      LINE (-10,I+14)-(10,I)
60  NEXT I
70  END
```

J 4 Die Aufgabenstellung verlangt das Zeichnen von drei Kurven, also müssen unbedingt drei Schleifen programmiert werden:

```
10   CLS
20   WINDOW (-1,-3.5)-(9,3.5)
30   LINE (-1,0)-(9,0)
40   LINE (0,-3.5)-(0,3.5)
50   PSET (0,1)
60   FOR X=0 TO 9 STEP 0.2
70       LINE -(X,EXP(-0.2*X))
80   NEXT X
90   PSET (0,-1)
100  FOR X=0 TO 9 STEP 0.2
110      LINE -(X,-EXP(-0.2*X))
120  NEXT X
130  PSET (0,0)
140  FOR X=0 TO 9 STEP 0.2
150      LINE -(X,EXP(-0.2*X)*SIN(3*X))
160  NEXT X
170  END
```

J 5
```
5   CLS
10  WINDOW (-10,-6)-(10,8)
15  DEF FNF(X)=ABS(X)+SQR(25-X*X)
20  DEF FNG(X)=ABS(X)-SQR(25-X*X)
25  PSET (-5,5)
30  FOR X=-5 TO 5 STEP 0.1
35      LINE -(X,FNF(X))
40  NEXT X
45  PSET (-5,5)
50  FOR X=-5 TO 5 STEP 0.1
55      LINE -(X,FNG(X))
60  NEXT X
65  END
```
Natürlich geht es auch ohne die Funktionsdefinitionen.

J 6 Mit Hilfe von PAINT lassen wir den Bereich zwischen zwei Kreisen
    ausfüllen:

```
 10  CLS
 20  WINDOW (-20,-14)-(20,14)
 30  FOR R=1 TO 14
 40     PSET (R,0)
 50     FOR T=0 TO 6.6 STEP 0.25
 60        LINE -(R*COS(T),R*SIN(T))
 70     NEXT T
 80     IF INT(R/2)=R/2 THEN PAINT (R-0.5,0),1,1
 90  NEXT R
100  END
```

J 7 Hier gibt es viele Möglichkeiten für die Form des Buchstaben A
    und für die Reihenfolge der Verbindungslinien. Man kann auch –
    wie im nachfolgenden Programm – Berandungslinien zeichnen und
    diese mit PAINT füllen.

```
 10  CLS
 15  WINDOW (-10,-7)-(10,7)
 20  DATA  -6,7, 6,7, 6,-7, 4,-7, 4,-2, -4,-2, -4,-7, -6,-7
 25  DATA  -4,5, 4,5, 4,0, -4,0
 30  PSET (-6,-7)
 35  FOR I=1 TO 8
 40     READ X,Y
 45     LINE -(X,Y)
 50  NEXT I
 55  PSET (-4,0)
 60  FOR I=1 TO 4
 65     READ X,Y
 70     LINE -(X,Y)
 75  NEXT I
 80  PAINT (-5,0),1,1
 85  END
```

J 8
```
 10  CLS
 20  WINDOW (-10,-7)-(10,7)
 30  FOR R=4 TO 7 STEP 3
 40     LINE (R,0)-(0,R)
 50     LINE -(-R,0)
 60     LINE -(0,-R)
 70     LINE -(R,0)
 80  NEXT R
 90  PAINT (5,0),1,1
 95  END
```

J 9 Wir erhalten ein n-Eck, wenn wir den Umfang eines Kreises in n
Teile teilen und die so gefundenen Kreispunkte der Reihe nach
verbinden; wir   schreiten also auf dem Kreis   mit   einer
Schrittweite von 2π/n.

```
10   INPUT "Wieviel Ecken hat das n-Eck :",N
20   CLS
30   WINDOW (-10,-7)-(10,7)
40   PI=3.141593
50   PSET (6,0)
60   FOR T=0 TO  2*PI+0.05  STEP 2*PI/N
70      LINE -(6*COS(T),6*SIN(T))
80   NEXT T
90   END
```

J10 Die Koordinatenbereiche sind bereits so gewählt, daß gleiche
Maßstäbe in x- und y-Richtung gelten.

```
10   CLS
20   WINDOW (-5,-3.5)-(5,3.5)
30   PSET (1,0)
40   FOR T=0 TO 8.02 STEP 0.05
50      X=EXP(-0.3*T)*COS(4*T)
60      Y=EXP(-0.3*T)*SIN(4*T)
70      LINE -(X,Y)
80   NEXT T
```

J11 Hier empfiehlt sich die Einführung von Zählern, in denen jeweils
registriert wird, wie oft die Augenzahlen vorkommen.

```
 5   RANDOMIZE TIMER : CLS
10   DIM ZAE(6)
15   FOR W=1 TO 6
20      ZAE(W)=0
25   NEXT W
30   FOR I=1 TO 1000
35      WURF=INT(6*RND)+1
40      ZAE(WURF)=ZAE(WURF)+1
45   NEXT I
55   WINDOW (-1,0)-(18,280)
60   LINE (-1,0)-(18,0)
65   FOR I=0 TO 15 STEP 3
70      LINE (I,0)-(I,ZAE(I))
75      LINE -(I+2,ZAE(I))
80      LINE -(I+2,0)
85      PAINT(I+1,1),1,1
90   NEXT I
95   END
```

```
J12   10  RANDOMIZE TIMER
      20  CLS
      30  WINDOW (0,-30)-(150,30)
      40  LINE (0,0)-(150,0)
      50  LINE (0,-30)-(0,30)
      60  PSET (0,0) : Y=0
      70  FOR I=1 TO 150
      80     IF RND < 0.5 THEN Y=Y-1 ELSE Y=Y+1
      90     LINE -(I,Y)
     100  NEXT I
     110  END
```

J13 Hier nutzen wir wieder aus, daß wir für einen Kreis vom Radius R
um den Nullpunkt die Parameterdarstellung x=R*cos(t), y=R*sin(t)
(mit $0 < = t < = 2\pi$) wählen können.

```
      10  CLS
      20  WINDOW (-10,-7)-(10,7)
      30  PI=4*ATN(1)
      40  PSET (3.5,0)
      50  FOR T=0 TO 2*PI+0.1 STEP 2*PI/6
      60     LINE -(7*COS(T+2*PI/12),7*SIN(T+2*PI/12))
      70     LINE -(3.5*COS(T+4*PI/12),3.5*SIN(T+4*PI/12))
      80  NEXT T
      90  END
```

J14 a) Wir nehmen an, daß höchstens 300 Meßwerte vorliegen.

```
       5  CLS
      10  DIM X(300),Y(300)
      15  PRINT "Geben Sie die Meßwerte ein; Abschluß bei -9999,0."
      20  FOR I=1 TO 300
      25     INPUT X(I),Y(I)
      30     IF X(I)=-9999 THEN 40
      35  NEXT I
      40  N=I-1
      45  REM ***** Bestimmung der WINDOW-Grenzen *********
      50  MINX=-1 : MAXX=1
      55  MINY=-1 : MAXY=1
      60  FOR I=1 TO N
      65     IF X(I) < MINX THEN MINX=X(I)
      70     IF X(I) > MAXX THEN MAXX=X(I)
      75     IF Y(I) < MINY THEN MINY=Y(I)
      80     IF Y(I) > MAXY THEN MAXY=Y(I)
      85  NEXT I
```

```
 90  CLS
 95  WINDOW (MINX,MINY)-(MAXX,MAXY)
100  LINE (MINX,0)-(MAXX,0)
105  LINE (0,MINY)-(0,MAXY)
110  FOR I=1 TO N
115     PSET (X(I),Y(I))
120  NEXT I
125  END
```

b) Wir beziehen uns auf das vorausgehende Programm:

```
      •
125  SX=0 : SXX=0 : SY=0 : SXY=0
130  FOR I=1 TO N
135     SX=SX + X(I)
140     SXX=SXX + X(I)*X(I)
145     SY=SY + Y(I)
150     SXY=SXY + X(I)*Y(I)
155  NEXT I
160  NENNER = N*SXX-SX*SX
165  M = (-SX*SY + N*SXY)/NENNER
170  C = (SY*SXX - SX*SXY)/NENNER
175  PSET (MINX,M*MINX+C)
180  FOR I=MINX TO MAXX STEP .1
185     LINE -(I,M*I+C)
190  NEXT I
200  END
```

J15 Das folgende Programm liest die Bildberandungen aus den DATA-Anweisungen:

```
10  DATA 0,0,357,171,0,171,357,343
15  DATA 357,0,715,171,357,171,715,343
25  CLS
30  FOR A=2 TO 3.5 STEP 0.5
35     READ X1,Y1,X2,Y2
40     VIEW (X1,Y1)-(X2,Y2)
45     WINDOW (-2,-1.4)-(2,1.4)
50     PSET (1,0)
55     FOR T=0 TO 6.4 STEP 0.05
60        LINE -(ABS(COS(A*T))*COS(T),ABS(COS(A*T))*SIN(T))
65     NEXT T
70  NEXT A
75  END
```

J16 Verbindet man die Eckpunkte des "Hakens" mit dem Drehpunkt, so lassen sie sich durch den Winkel der Verbindungsgeraden zur

Horizontalen und durch die Entfernung vom Drehpunkt   festlegen.
Wir speichern diese "Polarkoordinaten" in den Feldern P und R.

```
10  CLS
15  WINDOW (-10,-7)-(10,7)
20  DIM P(3),R(3)
25  P(1)=0 : P(2)=0.25 : P(3)=0
30  R(1)=3 : R(2)=5    : R(3)=7
35  PI = 4*ATN(1)
40  FOR T=0 TO 2*PI-0.1 STEP 2*PI/18
45      PSET (0,0)
50      FOR J=1 TO 3
55          LINE -(R(J)*COS(T+P(J)),R(J)*SIN(T+P(J)))
60      NEXT J
65  NEXT T
70  END
```

J17 Hier sollten Sie unbedingt eine Parameterdarstellung des Kreises
    verwenden.

```
10  INPUT "N = ",N
20  PI = 4*ATN(1)
30  H = 2*PI/N
40  CLS
50  WINDOW (-10,-7)-(10,7)
60  FOR T=0 TO 2*PI-0.05 STEP H
70      FOR K=T+H TO 2*PI-0.05 STEP H
80          LINE (6*COS(T),6*SIN(T)) - (6*COS(K),6*SIN(K))
90      NEXT K
100 NEXT T
110 END
```

```
J18    5  CLS : DIM X(500),Y(500)
      10  DEF FNF(X)=COS(X)*COS(10*X)
      15  INPUT "Linke Grenze:  ",XL
      20  INPUT "Rechte Grenze: ",XR
      25  IF XL > 0 THEN MINX=-1 ELSE MINX=XL
      30  IF XR < 0 THEN MAXX=1  ELSE MAXX=XR
      35  MINY=-1 : MAXY=1
      40  SCHRITT=(XR-XL)/500
      45  FOR I=0 TO 500
      50      X(I)=XL+I*SCHRITT
      55      Y(I)=FNF(X(I))
      60      IF Y(I) < MINY THEN MINY=Y(I)
      65      IF Y(I) > MAXY THEN MAXY=Y(I)
      70  NEXT I
```

```
 75  CLS
 80  WINDOW (MINX,MINY)-(MAXX,MAXY)
 85  LINE (MINX,0)-(MAXX,0)
 90  LINE (0,MINY)-(0,MAXY)
 95  PSET (X(0),Y(0))
100  FOR I=0 TO 500
105     LINE -(X(I),Y(I))
110  NEXT I
115  END
```

Wollen Sie mit dem Programm das Schaubild einer anderen Funktion
zeichnen lassen, so müssen Sie nur die Definition in Zeile 10
abändern und später im Dialog den entsprechenden x-Bereich eingeben.

J19 Wir setzen voraus, daß die Uhrzeit im Rechner mit Hilfe von
TIME$ in der Form hh:mm:ss abzurufen ist.

```
 10  CLS
 15  WINDOW (-10,-7)-(10,7)
 20  PI = 4*ATN(1)
 25  PSET (6,0)
 30  FOR T=0 TO 6.35 STEP 0.1
 35     LINE -(6*COS(T),6*SIN(T))
 40  NEXT T
 45  FOR T=0 TO 2*PI-0.1 STEP 2*PI/12
 50     LINE (6*COS(T),6*SIN(T)) - (5.7*COS(T),5.7*SIN(T))
 55  NEXT T
 60  FOR T=0 TO 2*PI-0.1 STEP 2*PI/60
 65     LINE (6*COS(T),6*SIN(T)) - (5.9*COS(T),5.9*SIN(T))
 70  NEXT T
 75  X$=TIME$
 80  H=VAL(LEFT$(X$,2))
 85  M=VAL(MID$(X$,4,2))
 90  S=VAL(RIGHT$(X$,2))
 95  STD = PI/2 -H*2*PI/12 -M*2*PI/12/60
100  LINE (0,0) - (3*COS(STD),3*SIN(STD))
105  MIN= PI/2 - M*2*PI/60 - S*2*PI/60/60
110  LINE (0,0) - (5*COS(MIN),5*SIN(MIN))
105  END
```

K Lösungen zu „Verschiedenes"

K 1 a)
```
500   REM *** Unterprogramm zur Umwandlung von Polar- ***
510   REM *** koordinaten in kartesische ****************
520   X=R*COS(PHI)
530   Y=R*SIN(PHI)
540   RETURN
```
  b)
```
10   PRINT "Am Ende 0,0 eingeben!"
20   INPUT "R,PHI=",R,PHI
30      IF R=0 AND PHI=0 THEN STOP
40      GOSUB 500
50      PRINT "X=";X, "Y=";Y
60      PRINT
70   GOTO 20
```

K 2 Bei diesem Programm können wir auf das Sortierprogramm aus E13 zurückgreifen:

  a)
```
300   REM *** Feld A einlesen ***************************
310   PRINT "Zahlen eingeben! (am Ende -9999)" : PRINT
320   I=1
330   PRINT I;"-te Zahl=";
340      INPUT A(I)
350      IF A(I)=-9999 THEN N=I-1 : RETURN
360      I=I+1
370   GOTO 330
400   REM *** Ausgabe des Feldes A *********************
410   FOR I=1 TO N
420      PRINT A(I)
430   NEXT I
440   PRINT
450   RETURN
500   REM *** Sortieren des Feldes A mittels Tauschen **
510   FOR I=1 TO N-1
520      FOR K=I+1 TO N
530         IF A(I)< =A(K) THEN 550
540         HILF=A(I) : A(I)=A(K) : A(K)=HILF
550      NEXT K
560   NEXT I
570   RETURN
```

  b)
```
10   DIM A(50)
20   GOSUB 300 : REM *** Feld einlesen ***
30   CLS : PRINT "Unsortiert:"
40   GOSUB 400 : REM *** Feld ausgeben ***
```

```
    50  GOSUB 500 : REM *** Feld sortieren **
    60  PRINT "Sortiert:"
    70  GOSUB 400 : REM *** Feld ausgeben ***
    80  STOP
```

K 3 a)
```
    10  CLS
    20  PRINT ".......Bearbeitung der Datei Studenten........"
    30  PRINT
    40  PRINT "Neueintrag                                    1"
    50  PRINT "Löschen oder Korrigieren eines Eintrags       2"
    60  PRINT "Auflisten der Datei                           3"
    70  PRINT
    80  INPUT "Ihr Wunsch:",WU
    90  IF WU< 1 OR WU > 3 THEN 80
   100  ON WU GOSUB 500,700,1000
   110  INPUT "Weiter (J/N)?",A$
   120  IF A$="J" OR A$="j" THEN 10
   130  GOTO 1020
```
b)
```
   500  PRINT "Im Unterprogramm bei 500 angekommen!"
   510  RETURN
   700  PRINT "Im UP ab 700 gelandet!"
   710  RETURN
  1000  PRINT "UP bei 1000 erreicht!"
  1010  RETURN
  1020  END
```

K 4 Wir übernehmen obiger Lösung die Zeilen bis 70 und ab 100

```
        •
    80  PRINT "Ihr Wunsch:";
    85  A$=INKEY$ : IF A$="" THEN 85
    90  IF A$ <"1" OR A$ > "3" THEN 85
    95  PRINT A$
    98  WU=VAL(A$)
        •
```

K 5 Achten Sie bei dieser Aufgabe besonders auf den listigen Einsatz
von INSTR:

```
        •
    60  PRINT "Weiter(J/N)? ";
    70  A$=INKEY$: IF A$="" THEN 70
    80  IF INSTR("JjNn",A$)=0 THEN 70
    90  IF A$="N" OR A$="n" THEN STOP
        •
```

K 6 Wir unterstellen wieder, daß der Bildschirm 24 Zeilen zu je 80
Zeichen besitzt.

```
10  CLS
20  LOCATE 12,34
30  COLOR 0,7
40  PRINT "SSV ULM 1846"
50  END
```

K 7 Ihr Programm sollte sofort jedes Zeichen abfragen, ob es zuläs-
sig ist oder nicht. Unzulässige Zeichen sollten garnicht erst
auf dem Bildschirm erscheinen. Das könnte etwa folgendermaßen
aussehen:

```
10   PRINT "Name=";
20   N$=""
30   A$=INKEY$ : IF A$="" THEN 30
40      IF A$=CHR$(13) THEN 110
50      IF A$="-" OR A$=" " THEN 80
60      IF A$<"A" OR A$>"z" THEN 30
70      IF A$>"Z" AND A$<"a" THEN 30
80      N$=N$+A$
90      PRINT A$;
100  IF LEN(A$)<18 THEN 30
110  PRINT
120  PRINT "Nur zur Kontrolle:";A$
130  END
```

K 8 a)
```
500  REM *** Unterprogramm : Uhrzeit rechts oben ***
510  KREUZ$="XXXXXXXXXXXX"
520  HOHL$= "X           X"
530  LOCATE 1,69 : PRINT KREUZ$
540  LOCATE 5,69 : PRINT KREUZ$
550  FOR ZEILE=2 TO 4
560     LOCATE ZEILE,69 : PRINT HOHL$
570  NEXT ZEILE
580  LOCATE 3,71 : PRINT TIME$
590  RETURN
```

b)
```
10   FOR I=1 TO 1000
20      IF I/100=INT(I/100) THEN GOSUB 500
30   NEXT I
40   GOTO 600
       .
600  STOP
```

K 9 Die weißen Felder auf dem Bildschirm erzeugt man am einfachsten durch die Ausgabe von Blanks nachdem man die Farben invers gesetzt hat.

```
 10  CLS
 20  PRINT "Name:  ": PRINT
 30  PRINT "Straße + Hausnr.": PRINT
 40  PRINT "PLZ:";TAB(16);"Ort:"
 50  COLOR 0,7
 60  LOCATE 1,21: PRINT "                        "
 70  LOCATE 3,21: PRINT "                        "
 80  LOCATE 5,10: PRINT "     "
 90  LOCATE 5,21: PRINT "                        "
100  LOCATE 1,21: INPUT "", N$
110  LOCATE 3,21: INPUT "", S$
120  LOCATE 5,10: INPUT "", P$
130  LOCATE 5,21: INPUT "", O$
140  COLOR 7,0
150  END
```

K10 Wer dunkel auf dunklem Grund schreiben möchte, braucht nur die Anweisung COLOR 0,0 einzugeben. Während in der Praxis die Geheimzahl von der Scheckkarte abgelesen wird, geben wir sie in Zeile 5 vor:

```
  5  GEH$="0123"
 10  CLS
 12  Z=0
 15  LOCATE 10,10
 18  Z=Z+1
 20  PRINT "Geheimzahl:  ";
 30  COLOR 0,0
 40  INPUT "", G$
 50  COLOR 7,0
 60  IF G$=GEH$ THEN 2000
 65  PRINT CHR$(7)
 70  IF Z=3 THEN PRINT "Karte wird eingezogen.": GOTO 1000
 80  PRINT "Eingabefehler."
 90  GOTO 15
```

Natürlich hätten Sie hier auch mit INKEY$ arbeiten können. Da man aber vieleicht doch ganz gerne vor Drücken von RETURN noch korrigieren möchte, haben wir dieser Variante den Vorzug gegeben.

```
K11   10   ON ERROR GOTO 100
      20   PRINT "Gib die Zahlen a,b und c ein! (am Ende -9999)!"
      30   INPUT "a=",A
      40     IF A=-9999 THEN STOP
      50     INPUT "b=",B
      60     INPUT "c=",C
      70     ZAEHLER = -B + SQR(B*B-4*A*C)
      80     X = ZAEHLER/(2*A)
      90     PRINT "x=";X
      95   GOTO 30
     100   IF ERL=70 THEN PRINT "Wurzel aus neg. Zahl!":RESUME 20
     110   IF ERL=80 THEN PRINT "Bei a=0 wird durch 0 dividiert!":
                                                      RESUME 20
     120   PRINT "Unvorhergesehener Fehler!  Nr=";ERR;"Zeile=";ERL
     130   STOP


K12   10   X=TIMER
      20   S=0
      30   FOR I=1 TO 1000
      40     S=S+I
      50   NEXT I
      60   PRINT S
      70   PRINT TIMER-X
      80   END
```

Nach diesem Strickmuster können Sie die Schnelligkeit Ihres Computers testen.

K13 Wir stellen dieses Programmstück als Unterprogramm vor:

```
      .
     100   X=TIMER
     110   IF TIMER-X < 10 THEN 110
     120   RETURN
```

Lassen Sie sich nicht dazu verleiten, exakt die Übereinstimmung mit 10 zu fordern; das führt wahrscheinlich zu einer Endlosschleife.

```
K14 a)  10   RANDOMIZE TIMER
        20   ZEILE=INT(24*RND)+1
        30   SPALTE=INT(80*RND)+1
        40   BU$=CHR$(26*RND+65)
        50   LOCATE ZEILE, SPALTE: PRINT BU$
        60   T1=TIMER
        70   A$=INKEY$: IF A$="" THEN 70
        80   IF A$<>BU$ THEN 70
        90   T2=TIMER
```

```
100   PRINT "Sie haben";T2-T1;"Sekunden gebraucht."
110   END


b)  12  MAXI=0: ZEIT=0
    14  FOR I=1 TO 20
    16     CLS
        .
   100     ZEIT = ZEIT + T2-T1
   110     IF T2-T1>MAXI THEN MAXI = T2-T1
   120  NEXT I
   130  CLS
   140  PRINT "Mittlere Reaktionszeit: "; ZEIT/20
   150  PRINT "Größte Abweichung:     "; MAXI
   160  END
```

Anhang

1. Der ASCII-Code

dez	Char	dez	Char	dez	Char	dez	Char
0	NUL	32	SP	64	@	96	`
1	SOH	33	!	65	A	97	a
2	STX	34	"	66	B	98	b
3	ETX	35	#	67	C	99	c
4	EOT	36	$	68	D	100	d
5	ENQ	37	%	69	E	101	e
6	ACK	38	&	70	F	102	f
7	BEL	39	'	71	G	103	g
8	BS	40	(	72	H	104	h
9	HT	41	)	73	I	105	i
10	LF	42	*	74	J	106	j
11	VT	43	+	75	K	107	k
12	FF	44	,	76	L	108	l
13	CR	45	−	77	M	109	m
14	SO	46	.	78	N	110	n
15	SI	47	/	79	O	111	o
16	DLE	48	Ø	80	P	112	p
17	DC1	49	1	81	Q	113	q
18	DC2	50	2	82	R	114	r
19	DC3	51	3	83	S	115	s
20	DC4	52	4	84	T	116	t
21	NAK	53	5	85	U	117	u
22	SYN	54	6	86	V	118	v
23	ETB	55	7	87	W	119	w
24	CAN	56	8	88	X	120	x
25	EM	57	9	89	Y	121	y
26	SUB	58	:	90	Z	122	z
27	ESC	59	;	91	[	123	{
28	FS	60	<	92	\	124	|
29	GS	61	=	93	]	125	}
30	RS	62	>	94	∧	126	~
31	US	63	?	95	←	127	DEL

Die meisten Zeichen der ASCII-Code-Tabelle dürften unmittelbar klar sein; wir gehen daher nur auf diejenigen ein, die zweifelhaft sein könnten:

NUL: es passiert gar nichts (leere Anweisung)

SOH: Beginn des Kopfes ("start of heading")

STX: Beginn des Textes ("start of text")

ETX: Ende des Textes ("end of text")

EOT: Beendigung der Zeichenübertragung ("end of transmission")

ENQ: Anfrage ("enquiry")

BEL: Ausgabe eines Tons ("bell")

BS: Zurücksetzen der Schreibmarke ("backspace")

HT: Ansteuern der nächsten horizontalen Tabulatorposition ("horizontal tab")

LF: Tiefersetzung der Schreibmarke um eine Zeile ("line feed")

VT: Ansteuern der nächsten vertikalen Tabulatorposition ("vertical tab")

FF: Formularvorschub ("form feed")

CR: Wagenrücklauf ("carriage return")

SO: Rückschaltung auf Groß- und Kleinschreibung ("shift out")

SI: Dauerumschaltung auf Großschreibung ("shift in")

DLE: Umschaltung der Datenverbindung ("data link escape")

DC: Gerätesteuerung ("device control")

NAK: Negative Bestätigung ("negative acknowledgement")

SYN: Synchronisationsleerlauf ("synchronous idle")

ETB: Beendigung des Übertragungsblocks ("end of transmission block")

CAN: Annullierung ("cancel")

EM: Ende des Datenträgers ("end of medium")

SUB: Ersetzung ("substitute")

ESC: Umschaltung ("escape")

FS: Abgrenzung von Dateien ("file separator")

GS: Trennung von Gruppen ("group separator")

RS: Abgrenzung von Datensätzen ("record separator")

US: Einheiten-Trennzeichen ("unit separator")

SP: Ausgabe eines Leerzeichens ("space")

DEL: Löschzeichen ("delete")

Schließlich sei noch darauf hingewiesen, daß die Zeichen in den Positionen 35, 64, 91, 92, 93, 94, 123, 124, 125 und 126 in den einzelnen Nationen unterschiedlich besetzt sein können. Auf diese Weise können Bedürfnisse für Eigentümlichkeiten gewisser Sprachen abgedeckt werden. Die folgende Tabelle zeigt die Festsetzungen für einige Länder:

Land dezimal	U.S.A.	Frankreich	Deutschland	England	Dänemark	Schweden	Italien	Spanien	Japan
35	#	#	#	£	#	#	#	Pt	#
36	$	$	$	$	$	¤	$	$	$
64	@	à	§	@	@	É	@	@	@
91	[	°	Ä	[	Æ	Ä	°	¡	[
92	\	ç	Ö	\	Ø	Ö	\	Ñ	¥
93	]	§	Ü	]	Å	Å	é	¿	]
94	^	^	^	^	^	Ü	^	^	^
96	`	`	`	`	`	é	ù	`	`
123	{	é	ä	{	æ	ä	à	ü	{
124	|	ù	ö	|	ø	ö	ò	|	|
125	}	è	ü	}	å	å	è	}	}
126	~	¨	ß	~	~	ü	ì	~	~

2. Liste der Standardfunktionen in BASIC

Die folgende Liste umfaßt die gebräuchlichsten Standardfunktionen.
Ich habe mich im Zweifel am IBM-PC orientiert; bei anderen Rechner-
typen gibt es daher gewisse Abweichungen. Der Grundwortschatz ist
aber stets ungefähr gleich. Ich habe diese Aufstellung im übrigen
sehr salopp und nicht mit pedantischer Genauigkeit geschrieben.
Streng genommen müßte die erste Eintragung zum Beispiel wie folgt
heißen: der Absolutbetrag des aktuellen Wertes von X....

ABS(X)	$\lvert x \rvert$
ASC(X$)	die zu X$ gehörige Zahl im ASCII-Code
ATN(X)	arctan x
CHR$(X)	das laut ASCII-Code zu x gehörige Zeichen
COS(X)	cos x
CSRLIN	die Zeile, in der der Cursor gerade steht
DATE$	das Datum
EOF(X)	ist am Dateiende -1, sonst 0
ERL	die Nummer der Zeile, in der ein Fehler auftritt
ERR	die Nummer des aufgetretenen Fehlers
EXP(X)	e^x
FIX(X)	hackt x zu einer ganzen Zahl ab
FRE(0)	beschreibt den noch verfügbaren Speicherplatz
INSTR(X$,A$)	ist n, wenn A$ erstmals ab der n-ten Position in X$ ist; sonst 0
INSTR(M,X$,A$)	wie eben, nur wird erst ab der M-ten Stelle nach A$ gesucht
INT(X)	größte ganze Zahl kleiner gleich x, auch: [x]
LEFT$(X$,M)	die ersten M Zeichen von X$
LEN(X$)	die Länge von X$
LOC(X)	beschreibt die momentane Position in der Datei
LOG(X)	der natürliche Logarithmus
MID$(X$,M)	X$ ab der M-ten Position
MID$(X$,M,N)	das M-te bis M+N-1-te Zeichen von X$
PEEK(X)	der Inhalt der Speicherzelle X
POS(0)	die Spalte, in der der Cursor gerade steht
RIGHT$(X$,M)	die rechten M Zeichen von X$
RND	die nächste Zufallszahl
SGN(X)	die Signum-Funktion (1 für x>0, -1 für x<0, 0 sonst)
SIN(X)	sin x
SPACE$(N)	eine aus N Leerzeichen bestehende Zeichenkette
SPC(N)	N Leerzeichen (nur bei PRINT und LPRINT!)
SQR(X)	$\sqrt{x}$

STR$(X)	x als String aufgefaßt
STRING$(N,M)	übergibt N-mal das Zeichen mit dem ASCII-Code M
STRING$(N,X$)	übergibt N-mal das erste Zeichen von X$
TAB(X)	Ausgabe erfolgt in Spalte x
TAN(X)	tan x
TIME$	die Uhrzeit
TIMER	die seit Mitternacht oder dem Einschalten vergangenenen Sekunden
VAL(X$)	die am Anfang von X$ stehende Zahl; sonst: 0

Dazu treten bei vielen Rechnern:
    Weitere mathematische Funktionen (ASIN, SINH etc.)
    Matrix-Funktionen (DET, DOT, INV, TRN etc)
    Graphische Funktionen (POS, ROTATE, SHEAR, SHIFT etc.)
    Konvertierungsfunktionen (BSTR$, BTOH$, CINT, CSNG, OCT$ etc.)
    Bedienung von Sondertasten (KEY, PADDLE etc.)
    usw.

Einige häufig auftretende Funktionen fehlen im Katalog der Standardfunktionen. Lassen Sie mich daher kurz schildern, wie man diese auf
vorhandene Größen zurückspielen kann; ich verwende dabei die Abkür-
zung PI=3.141593.

arccos x	PI/2-ATN(X/SQR(1-X*X))
arccot x	PI/2-ATN(X)
Arcosh x	LOG(X+SQR(X*X-1))
Arcoth x	0.5*LOG((X+1)/(X-1))
Arsinh x	LOG(X+SQR(X*X+1))
Artanh x	0.5*LOG((1+X)/(1-X))
cosh x	(EXP(X)+EXP(-X))/2
cot x	1/TAN(X)
$\log_a x$	LOG(X)/LOG(A)
sinh(x)	(EXP(X)-EXP(-X))/2
tanh(x)	(EXP(X)+EXP(-X))/(EXP(X)-EXP(-X))

Sie könnten also beispielsweise den Arcussinus wie folgt definieren:
    10 DEF FNARCSIN(X) = ATN(X/SQR(1-X*X))

Letzter Hinweis: Wenn Sie eine reelle Zahl x auf die nächste ganze
Zahl runden wollen, so können Sie das mit INT(X+1/2) erreichen.

3. Stichwortverzeichnis

Bei dem hier vorliegenden Stichwortverzeichnis wird kein Bezug auf die Anhänge genommen. Ebensowenig erfolgen Hinweise auf irgendwelche Beispiele; wir beschränken uns vielmehr im wesentlichen darauf, Ihnen zu sagen, wo welche Vokabel erklärt wird.